消防職員のための

事故の調査分析ハンドブック

Investigation and Analysis of Incidents for Fire Service

著　安全推進研究会
監修　東京消防庁 安全推進部

Jレスキュー

目次

はじめに

事故は誰の身にも起こり得ます。

そして、どれだけ安全に配慮しているつもりでも、些細なきっかけで事故の当事者となる可能性を完全にゼロにはできません。

とりわけ消防業務で発生する事故は、人命の危険に直結する可能性すらあります。

近年では、業務中の重大事故が発生した場合、組織の管理体制の不備や組織文化の問題にまで掘り下げた要因分析や対策提言を行い、問題の本質を捉え、改善していくことが社会的に求められています。

事故を完全に防ぐことは難しいですが、その一方で、発生した事故と真摯に向き合い、その要因を明らかにすることは、将来起こり得る類似事故の発生や、重大事故への発展を未然に防ぐための大切な取組の一つといえます。

これまで、消防業務で発生した事故に対して、個人の行動を事故の原因として結論付けていなかったでしょうか。個人に対する責任追及や指導ばかりに焦点を当てていなかったでしょうか。確認の徹底や個人の意識付け等、表面的で場当たり的な対策に留まらず、組織的な要因にまで踏み込んだ再発防止対策は取られていたでしょうか。

本書では、ヒューマンファクターや事故の調査分析について理解を深めた上で、多角的な視点に配意した根本的な原因究明および再発防止対策を樹立することで、消防業務における重大事故等を未然に防ぐことを目的にしています。

第1章では、事故防止のために必要となるヒューマンファクターの概念を整理しました。

第2章から第6章にかけては、多角的な視点に配意し事故を調査分析するための手法や考え方を具体的に示しました。

第7章には、コミュニケーションエラーが事故に発展するのを防ぐ取組として東京消防庁が作成した「確認会話事例集」を掲載しました。

消防職員にとって「安全」は不可欠なものであると同時に、高みを追求し続けるものです。消防職員一人一人の安全に対する意識を高め行動につなげるためにも、一つ一つの事故に対して調査や分析という形で向き合い、失敗から学び、そこから得られる教訓を将来へとつなげていかなければなりません。

本書が広く活用され、消防業務において発生した事故の調査分析の参考になることを願います。あわせて、事故の調査分析についての考え方や取組等が、広く全国の消防本部間で共有・交換され、相互に高め合うことで、安全を基盤とした質の高い消防行政サービスの実現の一助となれば幸いです。

令和7年3月

安全推進研究会

第1章

事故防止のためのヒューマンファクターの理解

0　事故防止のためのヒューマンファクターの理解 1)2)3)4)

※1)2)…は参考文献の番号(P160参照、以下同)

事故の多くはヒューマンエラーに起因するといわれています。したがって、事故の根本となる原因を究明し、同種事故の発生や重大事故への発展を未然に防止するためには、ヒューマンファクターを理解する必要があります。では、ヒューマンファクターとは一体何でしょうか。ヒューマンファクターには、**表1.1**のとおり様々な定義が存在します。

表1.1　ヒューマンファクターの定義

人間や機械などで構成されるシステムが安全かつ効率よく目的を達成するために、考慮しなければならない人間側の要因のこと (『医療におけるヒューマンエラー第2版 なぜ間違える どう防ぐ』医学書院/2014)	河野龍太郎
機材あるいはシステムが、その定められた目的を達成するために必要なすべての人間要因 (『ヒューマンファクターを探る』中央労働災害防止協会/1988)	黒田勲
装置や作業や環境の設計に考慮すべき人的要因 (『失敗ゼロからの脱却 レジリエンスエンジニアリングのすすめ』KADOKAWA/2020)	芳賀繁
システム工学の枠内において、人間科学を系統的に応用し、人間と人間活動の関係を最適化すること (『ヒューマンファクター〜安全な社会づくりをめざして〜』成山堂書店/2020)	E.エドワーズ (E.Edwards)
人間特性を適切に理解することにより、人間とシステム系との安全な関係を構築するために、組織運用に適用されるもの (『ヒューマンファクター〜安全な社会づくりをめざして〜』成山堂書店/2020)	国際民間航空機関 (ICAO)

これらをまとめると、ヒューマンファクターには主に次の二つの使い方があると考えられます。

①“人的要因”の意味

例)「その事故には疲労、睡眠不足といったヒューマンファクターが関係していた」

②“知識・学問体系”の意味

例)「事故防止にはヒューマンファクターからの知見が必須である」

このような意味合いで、ヒューマンファクターという言葉が使用されているということをまず理解する必要があります。

このうち、知識・学問体系について、日本ヒューマンファクター研究所では、「機械やシステムを安全に、かつ有効に機能させるために必要とされる、人間の能力や限界、特性などに関する知識や、概念、手法などの実践的学問」であり、ヒューマンファクターの最終的な目的は「人間中心のシステムを構築すること」としています。

では、私たちは「ヒューマンファクターの理解」といわれ、具体的に何を知り、理解を深めていけばよいのでしょうか。これについて、事故の調査分析に必要なヒューマンファクターに関する知識として、具体的に次の2点への理解が必要であると考えられています。

① 人間の能力の限界や特性に関する知識

② ヒューマンエラー防止対策に関する知識

これらは、「事故の調査分析に必要なヒューマンファクター」と位置付けられますが、同時に、自らと仲間のヒューマンエラーの発生を抑え、事故を未然に防ぐことにおいても必要な知識であると考えられます。

このため、事故の調査分析のみならず、平素からの事故防止にも生かせる「ヒューマンファクター」として、これら2点の理解を深めていく必要があるといえます。

ヒューマンファクターは悪いものか？

ヒューマンファクターとは、“人的要因”という意味で使用されることから、事故を引き起こす悪いものという印象を持ってしまいがちです。

しかし、変化の激しい災害現場等の状況に柔軟に対応する現場力※を発揮し、最大の成果を挙げる要因も、またヒューマンファクターといえます。

このため、ヒューマンファクターを理解することは、事故を未然に防ぐことや、より良い事故分析結果を導くことに限らず、高い現場力を発揮し、より良い成果を挙げることにもつながるものと考えられます。

※現場力
「最前線で活躍する人間の知識、技術、経験、相互のチームワーク等の総合力」
事故防止の観点では、「想定外のリスクにも対応できる臨機応変で柔軟な力」ともいえる

1　人間の能力の限界や特性に関する知識

▶1.1.1　m-SHELL《エムシェル》モデル[2)3)4)]

ヒューマンファクターの概念を視覚的に表したモデルのことで、中央のＬは事故の当事者を表し、その周りをｍ（管理体制や教育訓練）、Ｓ（手順やマニュアル）、Ｈ（資器材や設備等のハードウェア）、Ｅ（明るさ、騒音等の環境）、ＬＬ（当事者以外の者）で取り囲み、ヒューマンエラーに影響する要素を表します。（**図1.1**）

ＳＨＥＬＬを囲む枠が波打っているのは、その状態が固定的ではなく、常に変動することを表現しており、各要素の変動により、中央のＬ（当事者）との間に間隙が生じることで、バランスが崩れヒューマンエラーが生じやすい状況となります。

ＳＨＥＬＬの周りをｍ（組織・管理）が衛星のように囲っているのは、ｍ（組織・管理）は他の全ての要素にすべからく関わっていることを表現しており、ＳＨＥＬＬを良好に保つのはｍ（組織・管理）の重要な役割であると考えられています。

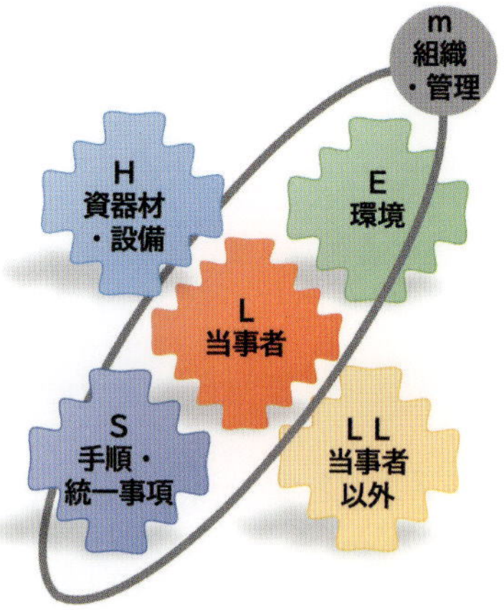

図1.1　m-SHELLモデル

（河野龍太郎『医療におけるヒューマンエラー第2版なぜ間違える　どう防ぐ』p.58,医学書院,2014に基づき著者作成）

▶1.1.2　状況認識モデル[4,5,6]

人間が行動に至るまでの過程を表すものとして、エンズレー(Endsley, M.R.)の状況認識モデル(**図1.2**)が広く知られています。人間の行動が現れるまでには、まず外的情報を感覚器官で知覚し、それがどのような意味を持つものか理解され、これに基づき、将来展開を予測し、意思決定がなされます。そして最終的な行動の結果が自身へフィードバックされ、また知覚することが繰り返されます。

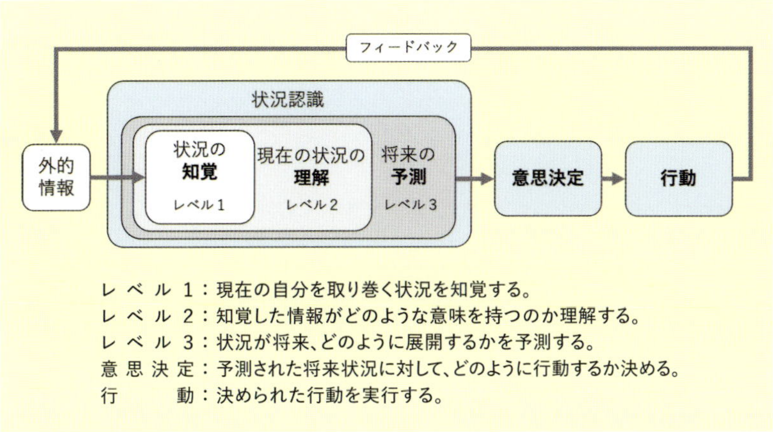

図1.2　エンズレーの状況認識モデル

(Endsley,M.R.「Toward a Theory of Situation Awareness in Dynamic Systems」Human Factors The Journal of the Human Factors and Ergonomics Society, 37(1),pp.32-64:1995に基づき著者作成)

ヒューマンエラーを考えるにあたり、状況認識モデルのどの過程で発生したエラーかを明確にすることは、適正な事故分析を実施する上で重要となる視点です。(**表1.2**)

表1.2　段階別の対策の一例

知覚(レベル1)	資料、資器材等を見やすくする等の改良等
理解(レベル2)	資料、資器材等をわかりやすくする等の改良等 業務への理解を深めるための教育の推進等
予測(レベル3)	危険予知訓練の実施、事故情報の共有等
意思決定	安全優先の考え定着のための教育等
行動	部分訓練の実施、資器材等の使用性の向上等

▶1.1.3　人間の行動メカニズム[2)7)8)]

当事者等がどのような経緯で行動に至ったのかの理解を深めるためには、人間の行動メカニズムを理解する必要があります。人間の行動メカニズムは次の三つのモデルにより説明されます。

レヴィンの行動モデル

レヴィン(Kurt Lewin)の行動モデルは、「人間の行動は、人間側の要因と環境側の要因との関係によって決まる」ということを示すものです。

(人間の行動)＝ f(人的要因, 環境要因)

つまり、人間の行動を理解する際には、「人の要因」と「環境(人以外)の要因」に分けて考える必要があります。

人の要因とは、生理的身体的特性、認知的特性、集団的特性、専門的知識や経験などが挙げられます。

一方、環境の要因は、m-ＳＨＥＬＬモデルのＬ(当事者)以外の要素をいいます。

コフカのモデル

コフカ(Kurt Koffka)のモデルとは、「人間が行動を決定するときは、実在の物理的空間ではなく、物理的空間にある様々な刺激を知覚・認知し、記憶などを利用して理解し、頭の中に構築した心理的空間に基づいている」ということを説明したものです。

雪の野原をある旅人が、宿屋へたどり着き、一夜を過ごした。

翌朝、宿主が旅人に、昨晩通ってきた道のりを聞いて、旅人の無謀さに驚いた。宿主からその訳を聞いた旅人は、卒倒してしまった。

なぜなら、旅人が雪の野原と思って平気で歩いてきたのは、実はそうではなく、湖面に張った氷上の雪であることを知ったからである。そこは、土地の人なら怖くて通らないところであった。

図1.3　旅人は雪の野原と理解しているイメージ

図1.4　実際は薄氷の張った湖の上のイメージ

（図1.3、図1.4は、河野龍太郎『医療現場のヒューマンエラー対策ブック』p.21, 日本能率協会マネジメントセンター ,2018に基づき著者作成）

物理的空間（人間を取り巻く物理的環境）といった外的情報から心理的空間（頭の中に構築した世界）を創造し、この心理的空間に基づいて、人間は行動するというものです。**（図1.3、図1.4）**

これをエンズレーの状況認識モデル**（図1.2）**と照らし合わせると、レベル1知覚、レベル2理解が心理的空間の創造に当たるものと考えられます。

レヴィンの行動モデルとコフカのモデルを組み合わせると、**図1.5**のような行動メカニズムが表現されます。人間は、物理的環境に基づく外的情報と自身の人的要因(生理的身体的特性、認知的特性、集団的特性、専門的知識や経験など)から心理的空間を創造します。そして、その心理的空間を基に最終的な行動に移るということがいえます。

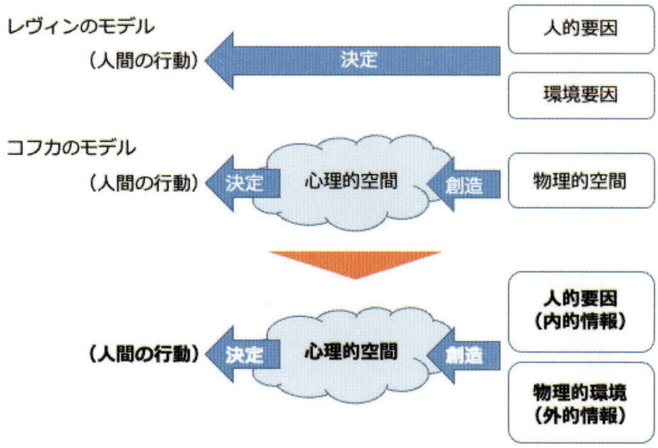

図1.5 人間の行動メカニズム

POINT **ここで注目すべきことは、人間が行動を決定するときには、「正しい」と判断して行動していることです。つまり、ヒューマンエラーを起こす際、人間は「間違っている」とは思っておらず「正しい」と判断し行動しているため、背後要因を探るに当たっては、当事者の立場で考え、「正しいと思ったのはなぜか？」という視点が重要です。**

天秤モデル

一方で、「正しくない」ことを意図して行動することもあります。意図ある正しくない行動を「不安全行動」とすると、不安全行動は“規則違反”と“リスクテイキング”の二つに大別されます。

表1.3　不安全行動の分類

不安全行動	規則違反	法律・規則、あるいは社会的・慣習的ルールに反する行動のうち、本人または他人の安全を阻害する可能性のある行動が意図的に行われたもの
	リスクテイキング	リスク※を認識しつつもあえて行動をすること

※リスク
「予想される損害の大きさ×発生確率」

このうち、リスクテイキングは、リスクとベネフィット（便益）の関係から当事者の知識、経験、環境等により総合的に判断、決定されます。この際の意思決定要素としては、具体的に次の三つがあるとされます。

① リスクの大きさ（リスク要因）
② 危険を冒して得られる効用の大きさ（ベネフィット要因）
③ リスクを回避するためにかかる不効用の大きさ（コスト要因）

POINT

リスクテイキングによる事故の場合には、この三要素を手掛かりに要因を明らかにし、このような状況を起こさないための対策を考えることが重要とされます。

▶1.1.4　ルール違反の心理的背景[8][9][10]

意図的か否かに関係なく、ルール違反には必ず動機があり、ルール違反の心理的な背景は次のとおりとされます。

表1.4　ルール違反の心理的背景と対策例

心理的背景	対策
① ルールを知らない	ルールに関する教育
② ルールを理解していない	ルールの策定や目的の説明、理解
③ ルールに納得していない	ルール策定への参画
④ ルールを守らない人が多い	ルールの見直し
⑤ ルールを守らなくても注意を受けたり罰せられたりしない（周囲もルールを守っておらず、自身が守らなくても指摘がない）	正義・公正の文化の醸成

表1.5　ルール違反が起こる要因

心理的背景
① ルールに同意できない、あるいは意味がないと感じる
② ルールを守るとデメリット（不快、遅くなる、手間がかかる）が大きい
③ 皆が平然と違反をしている
④ 違反をしても捕まったり罰せられたりしない
⑤ 何度も同じ違反を繰り返し習慣化されている等のようなケースでは、ルールを破るといった行為への抵抗が小さくなる
⑥ 危険がない、あるいは小さいと感じるときや、危険を冒して目標を達成したときのメリット（効率、利益、早くできる等）が大きい場合、危険を避けるデメリットが大きい場合（人命を救助できない等）は、不安全行動への動機、欲求が高くなる

表1.6　ルールが守られない三つの理由

① 知らない	正しい使用方法が伝わっていない
	意味が正しく理解されていない
② できない	ルールが実行できる状態ではない
	ルールを実行する訓練を受けていない
③ やる気がない	ルールを守る意味が納得できていない

このようにルール違反をする者の心理的背景は、ある程度分類されます。

POINT

このため、**ルールの逸脱による事故においては、表1.3から表1.6までの視点から背景を探る必要があり、単にルール違反と捉えることなく、このような心理にさせてしまった要因に目を向け、解決策を見出すことが重要です。**

2　ヒューマンエラー防止対策に関する知識

▶1.2.1　ヒューマンエラーとは[7]

ヒューマンファクターだけでなく、ヒューマンエラーについても、多くの定義が存在しますが、要約すると次の三つの要素で定義されます。本書では、この定義を引用します。

① 人間のある行動があり、
② その行動がある許容範囲から外れたもので、
③ 偶然によるものを除く

POINT

特に「ヒューマンエラーは行動の結果である」という理解が重要です。人間が行動した結果、許容範囲を逸脱したものがヒューマンエラーとなります。このため、許容範囲が変われば、ある行動もヒューマンエラーではなくなります。

また、偶然によるものも除かれるため、許容範囲を逸脱するような望ましくない状態になったのは「偶然」であるといった場合には、ヒューマンエラーではありません。

▶1.2.2　ヒューマンエラーによる事故の防止対策の考え方[2]

ヒューマンエラーによる事故の防止対策は、以下の二つの視点から取り組む必要があると考えられています。

① ヒューマンエラーの発生防止
② 発生したヒューマンエラーの拡大防止

ヒューマンエラーの発生防止

ヒューマンエラーの発生防止は、「ヒューマンエラーの絶対数の減少」を目指すものと仮定すると、ヒューマンエラーの発生件数は次式で表されます。

ヒューマンエラー発生件数＝

（エラーを誘発する作業数）×（各作業でエラーが発生する確率）

つまり、ヒューマンエラーの発生防止には、「エラーを誘発する作業数を減らすこと」と「各作業でエラーが発生する確率を下げること」に取り組むことが求められます。

STEP Ⅰ：エラーを誘発する作業数を減らす（Minimum encounter）
STEP Ⅱ：各作業でのエラーが発生する確率を下げる（Minimum probability）

発生したヒューマンエラーの拡大防止

一方で、発生したヒューマンエラーの拡大防止とは、ヒューマンエラーが事故に結びつき、事故の被害が広がることを防ぐ取組です。これに対しては次の二つへの取組が求められます。

STEP Ⅲ：多重のエラー検出（修正）策（Minimum detection）
STEP Ⅳ：被害を最小とするための備え（Minimum damage）

これらヒューマンエラーによる事故の防止対策として取り組むべき四つのステップを「戦略的エラー対策の４Ｍ」と呼びます。

STEP Ⅰ：エラーを誘発する作業数を減らす（Minimum encounter）
STEP Ⅱ：各作業でのエラーが発生する確率を下げる（Minimum probability）
STEP Ⅲ：多重のエラー検出（修正）策（Minimum detection）
STEP Ⅳ：被害を最小とするための備え（Minimum damage）

この戦略的エラー対策の４Ｍを実行レベルまで分解して考えたものが、「戦術的エラー対策の発想手順」です。（図1.6、表1.7）

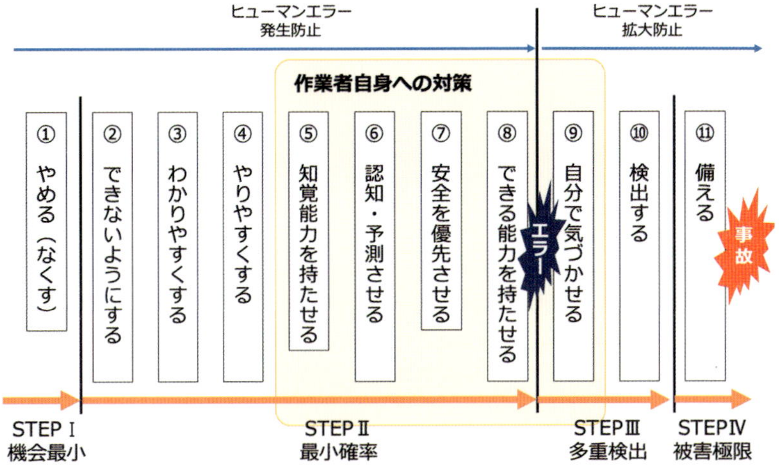

図1.6　戦術的エラー対策の発想手順

（河野龍太郎『医療現場のヒューマンエラー対策ブック』p.53, 日本能率協会マネジメントセンター, 2018に基づき著者作成）

表1.7　戦術的エラー対策の発想手順の具体的内容

ヒューマンエラー発生防止	機会最小	① やめる(なくす)	エラーが発生する作業数の低減のため、本当に必要な作業かどうかを改めて見直すこと
	最小確率	② できないようにする	エラーが発生しにくい環境にすることを目的に、人間特性を考慮した作業環境、「人間中心のシステム」を物理的、認知的および身体的な負担を軽減するための取組のこと 例)人間工学的な現場改善、マンマシンシステムおよび動作経済の原則に基づく機器等の設計と配置、5S活動、フールプルーフに基づく仕組みづくり等
		③ わかりやすくする	
		④ やりやすくする	
		⑤ 知覚能力を持たせる	エンズレーの状況認識モデル(図1.2)から、人間の状況認識過程に基づき、作業者自身のエラー耐性を高める取組のこと 例)危険予知訓練の実施、復唱、確認会話および3ウェイ・コミュニケーションの実施等
		⑥ 認知・予測させる	
		⑦ 安全を優先させる	
		⑧ できる能力を持たせる	
ヒューマンエラー拡大防止	多重検出	⑨ 自分で気づかせる	エラーを発見しやすいように工夫し、自分自身で発見する方法のこと 例)チェックリストの導入、工具の姿置き等
		⑩ 検出する	自分以外のものでエラーを検出する方法のこと 例)ダブルチェックの導入等
	被害極限	⑪ 備える	エラーの完全防止はできない 最終手段は備えるしかない

▶1.2.3　ヒューマンエラー発生防止

人間工学※による現場改善 4)

※人間工学
「人間の限界や特性に基づくシステム設計を目指す学問」

人間の行動は、エンズレーの状況認識モデル(**図1.2**)のとおり、外界の情報を知覚、理解することから始まります。人間が常に正しく知覚、理解をすることができれば、ヒューマンエラーの発生を大きく抑えることができますが、人間の感覚器は、発揮できる能力に限界や特性があるため、ヒューマンエラーをゼロにすることはできません。

しかし、「人間の限界や特性」を十分に踏まえ、人間工学的に環境改善を図ることで、正しい知覚、理解を促すことが可能となり、ヒューマンエラーの発生を抑止することが見込めます。

表1.8　「〜にくい」、「〜やすい」と人間工学上の問題例

	「〜にくい」「〜やすい」の例	人間工学上の問題例
感覚	見にくい	部屋が薄暗い、表示文字が小さい、ランプの点灯が薄暗い
	聞きにくい	部屋がうるさい、吹鳴音が小さい、吹鳴音が高音すぎる
	見つけにくい	背景に対してコントラストがなく目立たない、目立つ色ではない
	見間違えやすい	外観がそっくり
判断	わかりにくい	説明が難しい、迷路のような建物である
	思い違いしやすい	使用パターンが複雑、例外が多い
記憶	覚えにくい	覚えることが多い、名称が似通っている
	忘れやすい	やることが多い
動作	押しにくい	ボタンが小さい、ボタンが重い
	持ちにくい	取っ手が滑る、手に食い込む、引きずってしまう
	歩きにくい	通路が滑る、通路が狭い、履物が滑る
	頭をぶつけやすい	頭上が低い、頭上の突起物が目立たない
	無理な姿勢になりやすい	腰を曲げないといけない、背を伸ばさないと届かない、重量物を持ち上げないといけない
時間	タイミングが取りにくい	二人作業で“息が合わない”、スイッチを押しても反応(フィードバック)がない、あるいは操作後に機械が動き出すまでの時間(応答時間)が長いと不信感から再操作してしまう

つまり、**現場の諸条件（使用される資器材、設備、作業環境、作業時間など）を人間中心の設計に現場改善すること、具体的には、表1.8のとおり「〜にくい」、「〜やすい」を調べ、改善を図ることがヒューマンエラー防止には重要です。**このため、事故分析においては、「〜にくい」、「〜やすい」等へ目を向ける必要があります。

POINT

マンマシンシステム 4)

エンズレーの状況認識モデル（図1.2）のとおり、人間の行動は、知覚、理解、予測、意思決定、行動のループであると考えられていますが、行為の対象が資器材やシステム等の操作である場合、状況認識のループにはこれらの仕様や配置も含めた使いやすさが大きく影響します。このような考えをマンマシンシステム（図1.7）といいます。

マンマシンシステムは、車両、資器材、システム等を常に取り扱う消防業務において、重要な考えであり、**操作する人間の“目の届く範囲”、“手の届く範囲”に機器等を配置し、操作順、確認順を考慮した上で配置すべきと考えられます。**

POINT

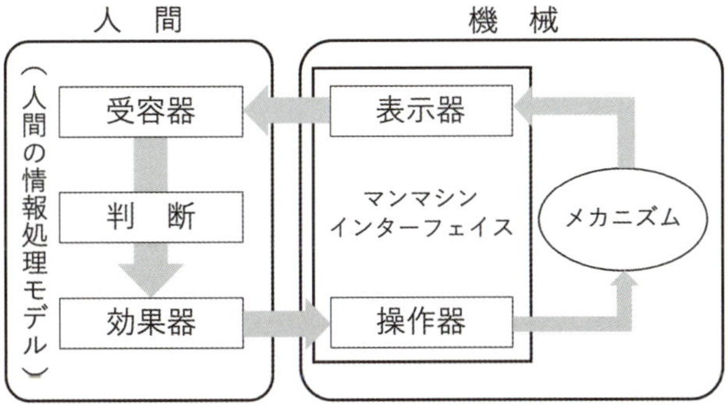

図1.7　マンマシンシステム

（小松原明哲『安全人間工学の理論と技術 ヒューマンエラーの防止と現場力の向上』p.94, 丸善出版,2016に基づき著者作成）

動作経済の原則 11)

動作経済の原則とは、動作の無駄を省き、楽に効率よく作業するための原則であり、作業の複雑さ、困難さを緩和し、作業のしやすさ等を究明することで、ヒューマンエラーの発生防止に寄与すると考えられています。

＜動作経済の原則＞

原則１　動作の数を減らす
原則２　動作の距離を短くする
原則３　動作を同時に行う
原則４　動作を楽にする

POINT　**再発防止対策は「人間側が機械や手順書に歩み寄る方法」ではなく、「機械や手順書側から人間に歩み寄る方法」を検討する必要があります。**

５Ｓ [3)4)12)]

POINT　５Ｓとは、「**整理、整頓、清掃、清潔、しつけ**」の五つの頭文字「Ｓ」をとったもので、作業環境を整え、作業を「やりやすくする」ことを目的とした基本的なエラー対策です。

本来使うべきものの取り違い、見間違いといったヒューマンエラーの発生防止や、物の紛失などの事故を防ぐため、５Ｓは重要な取組と考えられています。

また、常に環境が整然とする中で「いつもと違う“何か”」に気づきやすくするといった効果も期待できます。POINT　**「気づき」は、事故防止において重要なポイントであり、決して受動的な態度から生まれるものではなく、「積極的に気づこう」という能動的な態度が必要です。**

表1.9　5Sの内容

整理	不要なものを捨て、ものを探しやすくする
整頓	決められたものを決められた場所に置くことで、すぐに取り出せ、取り違いを防止する
清掃	職場を清潔に保つ
清潔	整理・整頓・清掃を維持し、職場環境を整える。また、身だしなみを整えることも含める
しつけ	決められたルールを正しく守る習慣をつける

フェールセーフとフールプルーフ [4,13]

システムや機器等におけるエラー防止の考え方で、フェールセーフとフールプルーフがあります。多くのヒューマンエラー防止対策に取り組んだとしても、ヒューマンエラーをゼロにすることは不可能であり、システムや機器等の手助けも必要です。

POINT

このため、**人間がエラーを起こしたとしても、安全側へ傾く仕組みを作ることは事故防止の重要な考えです。**

表1.10　フェールセーフとフールプルーフ

フェールセーフ	システム、機器等に不具合が発生した場合に、システムや機器等を止めてでも、安全を優先させる設計や仕組み 例1)転倒すると自動的に停止する石油ストーブ 例2)挟まれそうになると自動的に扉が開くエレベーター 例3)加熱中に扉を開けると自動停止する電子レンジ
フールプルーフ	システム、機器等をよく理解していない人間が扱っても、問題が起きない(安全が確保される)設計や仕組み 例1)プラス極とマイナス極が逆だと入らない電池ボックス 例2)規格等による端子の形状の違い(USB、差し込みプラグ) 例3)扉が開いたままでは加熱が開始されない電子レンジ

指差確認呼称 [14,15]

指差しを行い、声に出して確認する指差確認呼称は、ヒューマンエラー防止対策の一つとして、鉄道業界から始まり、航空、運輸、建設等、幅広い業界で行われています。

1994年の財団法人(現、公益財団法人)鉄道総合技術研究所の操作ボタンの押し間違いの実験では、**表1.11**のようなエラー発生率の変化が結果として示されました。

表1.11　条件別エラー発生率

条件別	エラー発生率
「黙って」操作	2.38%
「確認呼称」により操作	1.00%
「指差確認呼称」により操作	0.38%

このほか、医療分野においても指差確認呼称の有効性に関する検証が行われ、「黙って作業するのに比べ、指差確認呼称は、認知機能の活

POINT

性化が図られる可能性がある」ことが示されました。このため、「**指差確認呼称は、意識レベルを上げ、確認の精度を向上させる有効な手段**」であるといわれています。

危険予知訓練（ＫＹＴ）4)10)16)17)

危険予知訓練は、危険要因を知覚、認知および予測する能力を高めるための基本的なヒューマンエラー防止対策です。

危険予知訓練の手法としては、「ＫＹＴ４ラウンド法」というものがあります。（**表1.12**）

さらに、危険予知訓練のイラストシートに対して、「もし～だったら？」（例：高齢者だったら？夜間だったら？雨天だったら？等）と問いかける発展的な危険予知訓練（What-if展開）も有効です。

表1.12　KYT4ラウンド法

ラウンド	危険予知訓練の4ラウンド	進め方
1R 現状把握	どんな危険が 潜んでいるか	イラストシートの状況の中に潜む危険を発見し、危険要因とその要因を引き起こす現象を想定して出し合い、チームの皆で共有する。
2R 本質追究	これが危険の ポイント	発見した危険のうち、重要と思われる危険を把握して○印をつけ、さらに皆で合意を絞り込み、「危険ポイント」として共通認識をもつ。
3R 対策樹立	あなたなら どうする	危険ポイントを解決するために、どうしたらよいかを考え、具体的対策案を出し合う。
4R 目標設定	私たちは こうする	対策の中から皆の合意で絞り込み、それを実践するためのチームとしての行動目標を設定する。

自ら目の前のリスクを取り除き、安全に活動等を遂行するためには、周囲の異変や危険箇所に気づく力が必要であり、これを高めることが重要です。

しかし、知らないことに気づくことは簡単ではなく、事前に頭の隅にどのようなことが起こるのか、起こり得るのかを予見しておくことが必要です。そのような備えがないと、気づきにくい状態にあり、安全な状態とはいえないこととなります。

ＫＹＴは、危険に気づき備えるために有効な取組といえ、気づくことで自ら原因を取り除くことや、気づきをチームで共有することで、事故の防止につながることが期待されます。 POINT

ブリーフィング 5)

ブリーフィングとは、航空、医療、建設等をはじめ、多くの業界で取り入れられている、作業前のチームメンバー間の情報共有をいいます。

業務を安全に行うためには、隊長等の上位職や担当者からの業務目的、内容、注意事項等の指示や説明にとどまらず、チームメンバーが個々に持つ情報を共有し合い、認識の統一を図ることが重要です。

また、これによりチームが将来置かれるであろう状況を共通して正しく理解して予測することが期待されます。

ブリーフィングは、実施タイミングにより方法が分かれますが、タスク前ブリーフィング、いわゆる作業開始前に行うものについて説明します。

タスク前ブリーフィングについて、米空軍では、フライト前に目的、飛行計画、コミュニケーション要領、天候、緊急時対応等の情報をチームメンバー間で共有し、互いの認識統一に徹します。これは、リーダーを中心に行うものではありますが、その他の者も進んで発言し、周囲もこれを受け入れるという双方向コミュニケーションによるもので、単なる指示伝達ではありません。

また、建設・建築業界や製造業界では、ＴＢＭ(ツール・ボックス・ミーティング)や危険予知活動という名で取り入れられており、作業開始前に危険箇所などの安全に資する情報をチームメンバー間で共有しています。

災害現場では、安全一辺倒とはいかず、迅速性とのバランスを考え、判断・行動しなければならない場面も多く想定されます。

しかし、**危険が伴う活動の開始前に活動方針等を共有することや、隊員の安全に資する情報を得た際の共有など、上位職等からの一方的な指示伝達にとどまらず、重要な局面においては立ち止まり、チームメンバー間で理解と解釈を共有することも重要な取組であると考えられます。** POINT

ヒューマンエラーを防ぐコミュニケーションツール [16)18)]

ヒューマンエラーにより、一つ間違えれば人命に関わる重大な結果を招く現場では、安全を高めるためのコミュニケーションツールが多く使用されています。

例えば医療業務と消防業務は、人の命を扱うこと、チームで活動すること等共通する点が多く、医療業界で使用される次のコミュニケーションツールは現場活動等においても参考になるものと考えられます。

ア　復唱とチェックバック

コミュニケーションエラーは、ヒューマンエラーに起因する事故の大きな要因の一つとして挙げられます。確実な情報伝達は、事故防止の観点から大変重要であり、復唱や3《スリー》ウェイ・コミュニケーションは、指示する側と受ける側の相互確認により、情報の知覚、認知を確実なものとする有効なエラー防止対策として挙げられます。

表1.13　コミュニケーションエラー防止対策の一例

復唱 (2《ツー》ウェイ・ コミュニケーション)	口頭指示を受けた人がその内容を繰り返して相手に返すもので、「正しく情報を受け取った」旨を伝えるエラー防止対策 復唱の内容が間違っているにも関わらず、指示した側が気づかず、作業が継続されるおそれがある
チェックバック (3《スリー》ウェイ・ コミュニケーション)	復唱に対して、指示した側がさらに内容を確認し回答するエラー防止対策 例)はしご車のバスケット救出時のコミュニケーションエラー 　はしご隊員　「(要救助者)収容開始!」 　はしご機関員　「了解!救出開始!」 (チェックバックにより復唱内容の確認) 　はしご隊員　「救出開始、待て! 要救助者収容中!」

POINT

3ウェイ・コミュニケーションは、指示を受けた側の復唱に対して、指示した側が回答することをいいますが、**復唱の内容に耳を傾け、確認するだけでも有効なエラー防止対策と考えられます。**

また、重要な局面では、指示した側から受けた側へ「復唱してください。」といった確認の促しも有効です。

イ　確認会話

確認会話とは、会話の中で認識の相違によるエラーを防ぐために、会話内容をお互いに確認しながらコミュニケーションをとることをいいます。

復唱は、表1.13のとおり、口頭指示を受けた人がその内容を繰り返すことで正しく情報を受け取った旨を伝えますが、指示した人が、他の事柄に気が向いている、復唱を聞きとれない等の理由で、復唱された内容の間違いに気づかないことがあります。

POINT

確認会話は、復唱と違い、意識的に別の表現や具体的な質問に言い換えて、相手との認識の差をなくす会話方法です。別の表現で確認されると、指示した人も自然と注意が向き、意識的に確認できる効果が期待されます。例えば、「13時から会議を始めます」と言われたときに「午後1時からですか？」と別の言い方で確認することも確認会話です。

※『確認会話事例集』を第7章で紹介しますので参考としてください。

確認会話のルール

ＪＲ西日本では、「確認（会話）ですが…」と問われたら、頭ごなしに否定せず、「確認（会話）ありがとう」とまず感謝を述べることで、より声を上げやすい職場環境が作られ、安全文化の醸成に役立つ、と紹介しています※。

上司や先輩に対して、一度指示されたことを確認したり聞き返したりすることは、勇気がいるものです。確認された側は、「確認会話はコミュニケーションエラーを防ぐために組織として行う重要な取組」であることを理解し、確認会話の機会を受け入れるとともに、普段から誤った解釈を生む可能性のある言葉や言い回し（あれ、それ、右、左、いいです、大丈夫です等）に注意し、相手と共通認識を持てるよう丁寧な説明を心掛けてください。

※参考
西日本旅客鉄道株式会社
「JR西日本グループ鉄道安全考働計画」―2023-2027年度―

ウ　クロスモニタリング

チームで行う業務において安全性を高めていくためには、各メンバーの状況を相互に観察し、場合によっては率先して助け合うことが重要です。

POINT

クロスモニタリングとは、チームメンバー等の行動や知識、言動を

意識して観察し、不安全行動やチーム行動に悪影響を与えている場合、あるいは、メンバーが不安や困っている素振りをしている場合には、躊躇なく、声掛け、助言することをいいます。

特に、先輩や上司などに対して助言することは、非常に勇気がいることですが、勇気を持って自分の気づきを表現することが、事故の未然防止につながります。

エ　2《ツー》チャレンジルール

POINT

２チャレンジルールは、不安全行動や危険を察知した人が、その行為を一旦止めさせる等の提案を、一度断られたとしても最低2回は繰り返し提案するといったコミュニケーションツールです。

① 活動を中断させるため繰り返しアピールする（危険が予想される場合）
② 対応が納得できない場合、2回は主張する
③ 相手は必ず聞き入れ対応する
④ 気づいていない新規情報を提供し判断を促す

１度目の提案が無視されたとしても、「よく聞こえていない」、「よく理解できていない」等の場合もあるため、発信者は「同じことを言っても無意味である」とは思わず、２度目の提案をチャレンジします。

２チャレンジルールを実施しても受け入れられない場合には、次のＣＵＳの規則を実行することが推奨されています。

オ　CUS《カス》

ＣＵＳは、「心配」、「不安」および「安全上の問題」の３段階プロセスで、相手に対して直接的に表現するコミュニケーションツールです。ＣＵＳは、２チャレンジルールを実践した結果、受け入れられなかった場合に使用します。

C oncerned	（心配です）
U ncomfortable	（不安です）
S afety issue	（安全上の問題です）

危険に気づいた人間には、これを発信する責任・義務があります。そして、提案された人には聞き入れる義務があります。

しかし、2チャレンジルールもCUSも、上司や先輩に対して提案・主張するには勇気がいるものです。これを実践するには、**提案等を受け入れる受け手側の姿勢や、誤った提案であったとしても個人を責めることはしないといった組織の安全を第一に考える姿勢が重要です。**

POINT

また、発信する者も相手を尊重した提案、主張をする意識も必要です。このため、アサーティブコミュニケーション※を心掛けることが重要となります。

※アサーティブコミュニケーション
「お互いを尊重しつつ明確に意見を述べ合う双方向的なコミュニケーション」

カ　気づきを伝え合うチームづくり

これらのコミュニケーションツールは、自身の気づきをチームメンバーと共有するテクニックといえます。上位職、ベテラン職員、先輩職員であろうと、人間である以上、誰しもがエラーを起こしてしまう可能性をはらんでいます。**このエラーが事故に至るのを食い止めるために、一人一人が“気づき”を伝えることがとても重要であり、気づきを伝え、伝えてもらうような、チームづくりを心掛けていく必要があります。**

POINT

テネリフェの悲劇（テネリフェ空港ジャンボ機衝突事故）

1977年３月27日、スペイン領カナリア諸島のテネリフェ島にあるテネリフェ空港において2機のジェット乗客機が濃い霧の中、滑走路上で衝突、乗客乗員644名のうち、583名が死亡するという民間航空史上、最悪の航空事故です。

目的空港へのフライトを急いでいたKLM機の機長が、管制官からの離陸許可に関する指示を誤って理解し、滑走路上を他の航空機が移動中にも関わらず、濃い霧のため確認できなかったことも重なり、離陸を開始してしまい衝突に至りました。

事故の直接的な原因は、KLM機が実際には離陸許可が下りていないにも関わらず離陸許可が下りたと勘違いしたことによるものですが、副機長は離陸許可に対する違和感を機長に直接伝えることができませんでした。航空機関士は機長に対し「他機はまだ滑走路にいるのでは？」と違和感を伝えましたが、機長の強い権威勾配※のもと黙認され、離陸が継続されたという、副機長や航空機関士の感じた違和感（気づき）が機長に伝わらなかったことが要因としてありました。

※権威勾配
「リーダーと他のメンバーとの間の力関係」
権威勾配が強すぎると他のメンバーが意見や指摘を出しづらくなり、反対に弱すぎると統率が取れなくなる。チームを機能させるには適切な権威勾配が理想とされる。

▶1.2.4　ヒューマンエラー拡大防止

チェックリスト [19][20][21][22][23][24]

チェックリストは、記憶の抜け落ち、記憶違い、確認の抜け漏れ、見落とし等のヒューマンエラーを防止する対策の一つとして、航空、医療等、幅広い業界で使用されています。

事務作業に限らず、活動現場においても、ポケットに入れて持ち歩けるようなチェックリストの導入は有効なエラー防止対策と考えられます。

チェックリストには、主に次の二つの使い方があります。

① リストに従いチェックしながら行動（読むのち行動）

② 実施したことに漏れがないことを確認（行動のちチェックリスト）

医療業界では、これらが混在して使用されることで、チェックリストの目的が不明確となり、形骸化が散見されるため、WHO（世界保健機関）の示すガイドラインでは、麻酔導入前、皮膚切開前、患者の手術室退出前などといった具体的な使用タイミングが示され、目的が明確化されています。

また、航空安全では、**表1.14**のようにチェックリストが作成されています。

表1.14　航空安全のチェックリスト

チェックリスト種別	使用用途
正常なときのチェックリスト	普段の飛行のときに使用
正常ではなくなったときのチェックリスト	何か不具合が生じ、注意しなければならないときに使用
異常、緊急時のチェックリスト	緊急時には記憶により迅速に処置し、後で緊急処置の確認の意味で使用

POINT

このように、チェックリストの形骸化を防ぐため、**具体的な使用目的やタイミング（作業を一時中断し確認するポイント）を明確に定め作成することが大切です。**

良質なチェックリストの作成には、次の点に留意してください。

ア　作成時のポイント

□　**チェック項目は多すぎず**

チェック項目は、5～10項目が理想的であり、1分以上かけるべきではないとされます。チェックリストの一つ一つの項目は短く、見やすいことが重要であり、使いやすさを重視する必要があります。

□　**作成後は試行し、検証**

作成後は試行し、実行性を検証します。

また、チェックリストを用いることで、「作業の抜け漏れが防がれ、完璧なものとなる。」と捉えられがちですが、チェックリストには「通常とは異なる手順」に対する脆弱性といった弱点があります。

全てを想定したチェックリストを作成することは不可能であり、常に検証し、より実態に則したチェックリストを目指し改良し続ける必要があります。

イ　使用方法

□　**チェックリストの主導者を指定**

チェックリスト使用時には、これを主導する者を指定します。指定された者がチェックに責任を持ち、各手順が完全に行われたかを確認します。手順が完全に行われたことをもって、次の手順に進むことで有効性が保たれるとされます。

□　**メンバー間の口頭によるチェック**

黙読ではなく、声に出してチェックを行うことで、有効なチェックとなります。

ウ　留意事項

チェックリストに頼りすぎることは、視野を狭め機械的な作業に陥りやすく、チェックリストに記載されない項目へ目が向かなくなります。

チェックリストには、「通常とは異なる手順」への脆弱性があるため、あくまで作業の補助的な位置付けで、エラーを検出するためのツールとして使用すべきものです。

ダブルチェック 4)

ダブルチェック(再確認)は、複数の目で確認することでエラーを検出する有効なヒューマンエラー対策とされます。しかし、二人とも見落としをする可能性は残り、エラーによる事故の発生率を下げることはできても、事故をゼロにすることはできないことに留意する必要があります。

また、二人の相互信頼および責任分散意識が働いてしまい、各自が責任あるチェックをしなくなりがちです。このため、健全なダブルチェックを行うには次のような工夫が必要です。

ア　チェックに十分な時間を与える

集中してチェックするためには、一定の時間が必要です。

ダブルチェックを行うと仕事量が増加することは避けられません。これにより十分なチェック時間を設けられないのであれば、一人が時間をかけて落ち着いて行う方が良いと考えられています。

イ　チェックの多様性を考慮する

人間特性は皆同じであるため、同様の方法でチェックすれば、同様の抜け漏れが繰り返される可能性があります。このため、一人目が上から下(または左から右)へチェックしたのであれば、二人目は下から上(または右から左)へチェックするといった、チェックの多様性を持たせることが有効と考えられています。

ウ　チェックの順番に配慮する

上位職、先輩職員またはベテラン職員がチェックした後、下位職、後輩職員または新人職員がチェックするのは、「○○主任がチェックした資料だから、ミスはないだろう。」という油断が働くおそれがあるほか、上位職等のミスを指摘しにくいという心理が働くおそれがあります。このため、下位職、後輩職員または新人職員が先にチェックすることが望ましいと考えられています。

3　安全文化の視点からの個人の取組 1)25)26)

これまで述べてきたように、ヒューマンエラーを防ぐための取組は数多く存在します。

ヒューマンエラーは人間の行為の結果であるという原点に立ち帰ると、人間の行為は個人の判断に基づくものであることから、ヒューマンエラーを防ぐためには、人間の”安全への価値判断”を根本的に見直すことも必要であると考えられます。

ヒューマンファクターの研究者であるジェームズ・リーズン(James Reason)は、安全文化をエンジニアリングするために、四つの文化の醸成を提唱し、このうち、正義・公正の文化(Just Culture)、報告する文化(Reporting Culture)、学習する文化(Learning Culture)の三つの文化が循環し、機能した“情報に立脚した文化”を安全文化の一つの形態であるといっています。

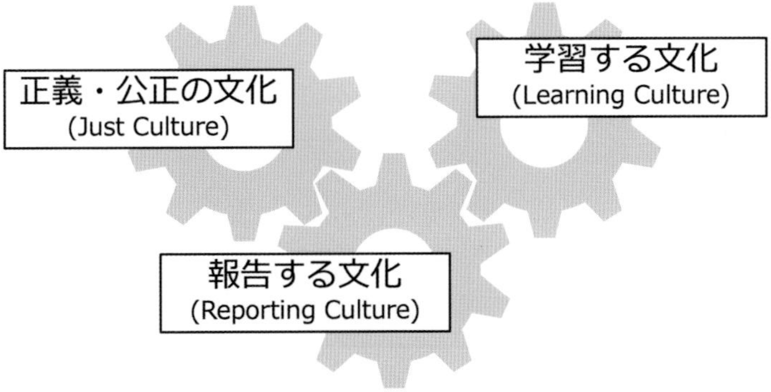

図1.8　安全文化(情報に立脚した文化)のイメージ

（ジェームズ・リーズン、アラン・ホッブズ『保守事故 ヒューマンエラーの未然防止のマネジメント』p.205, 日科技連,2005に基づき著者作成）

このように三つの文化が機能する仕組みづくりに取り組む一方で、個人として、目の前に起こり得る事故を防ぐために、どのような取組が必要であるかは別の話であるとも考えられます。

現在、安全文化という言葉の定義は、数多く存在しますが、この言葉が世に生まれたのは、1986年に起きたチェルノブイリ原子力発電所事故の調査報告書においてです。

そこで安全文化は次のように定義されています。

「原子力の安全問題には、その重要性にふさわしい注意が最優先で払われなければならない。安全文化とは、そうした組織や個人の特性と姿勢の総体である。(『原子力安全白書平成１７年版』(原子力安全委員会)/2006)」

つまり、他のどんなことにも優先して、安全に関する問題に注意を向けることを求めています。

このため、安全文化とは、「安全に関する問題に、何はさておき、まず最初に注意を向ける」という行動が自然に行われるようになった姿であるといえます。

同様に、ジェームズ・リーズンは、安全文化とは“用心深さ、注意深さの文化である”とも述べています。

総じていえることは、あらゆるヒューマンエラー防止対策を駆使するとともに、目の前の業務執行において、常に問いかける姿勢を持ち、安全に注意を向ける判断・行動をすることです。

業務を執行する上では、安全一辺倒というわけにはいかず、私たちは常に安全性と効率性のバランスを保ちながら、業務に取り組まなければなりません。どの業界にも共通していえることですが、安全だけを考えても仕事になりません。

このため、安全文化とは、「安全だけを考えるのではなく、安全に対して優先的に注意を払うこと」であるということを理解しなければなりません。

第2章

事故の調査分析

1　事故の調査分析の目的

事故の調査分析の目的は、発生した事故と真摯に向き合い、組織的な原因究明および再発防止を図ることで、将来起こりうる類似事故の発生や、重大事故への発展を未然に防止することにあります。

このため、事故の調査分析は、決して事故の当事者およびその他事故の関係者(以下、「当事者等」という。)の責任を問うためのものではありません。組織の仕組みを改善する点に目を向けることが重要であり、事故の契機とされる当事者等のヒューマンエラーとこの背景を突き詰める際、当事者等を犯罪者のように扱う姿勢は排除しなければなりません。そうでない場合、当事者等から提供される事実情報だけでなく、その後の事故分析の質をも低下させることにつながりかねません。

また、事故という失敗と真摯に向き合い、そこから学び、得られる教訓を将来へとつなげていく行為は、安全文化を構成する一つである「学習する文化」そのものといえます。このため、発生した一つ一つの事故に対する調査分析に適正に取り組むことは、組織の安全文化の醸成の一端を担うものといえます。

2　事故の調査分析全体の流れ

事故が発生した場合、図2.1のような報告の仕組みを取り、ヒヤリハットや事故情報を報告しようとする「報告する文化」の体現を目指します。

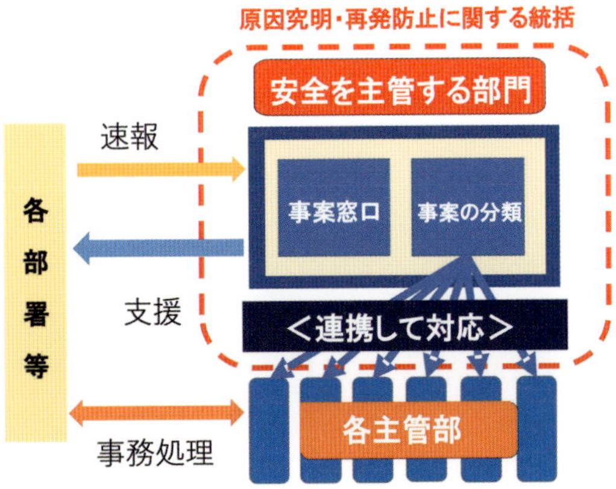

図2.1　事故報告の仕組み

さらに、表2.1のように事故の取扱いレベルを定め、重大事故および特に検討を要する事故(以下、「重大型」という。)は、VTAおよびなぜなぜ分析を用いて、その他の事故(以下、「一般型」という。)は、出来事流れ図および事故分析シートを用いて、それぞれ分析を行います。

それぞれの事故分析手法の概略については表2.2のとおりです。

表2.1　事故の取扱いレベルと判断基準

取扱いレベル		判断基準
重大型	重大事故	職員または一般人の重大受傷事故、社会的影響が著しく大きい事故等
	特に検討を要する事故	重大事故を除く社会的影響が大きい事故、重大事故につながった可能性がある事故等
一般型	その他の事故	上記以外の事故

表2.2　事故分析手法の概略

	分析手法	概略
重大型	VTA	Variation Tree Analysisの略語で、認知科学分野で提案された事故分析手法の一つ。事故の発生経緯を登場人物ごとに時系列的に記述し、相互の関係を図示することで、事故を再現し、経緯と問題点を見える化するもの。詳細は第5章を参照。
重大型	なぜなぜ分析	品質管理における要因分析手法の一つで、問題事象に対して、これが発生したと考えられる要因を、「なぜ」という段階的追究を繰り返すことで究明し、再発防止対策を検討するための課題の具体化を目的としたもの。詳細は第5章を参照。
一般型	出来事流れ図	時系列図ともいい、人間の行動や事実を時系列で並べ、事故の全体像を見える化したもの。詳細は第6章を参照。
一般型	事故分析シート	m-SHELLモデル（1.1.1参照）に基づき、多角的な視点から仕組みや作業環境といった「人」以外の要因に目を向け、幅広い要因と再発防止対策の立案を補助するために東京消防庁が独自に作成したもの。詳細は第6章を参照。

以上を踏まえた、事故発生から調査分析の全体の流れは**図2.2**のとおりです。

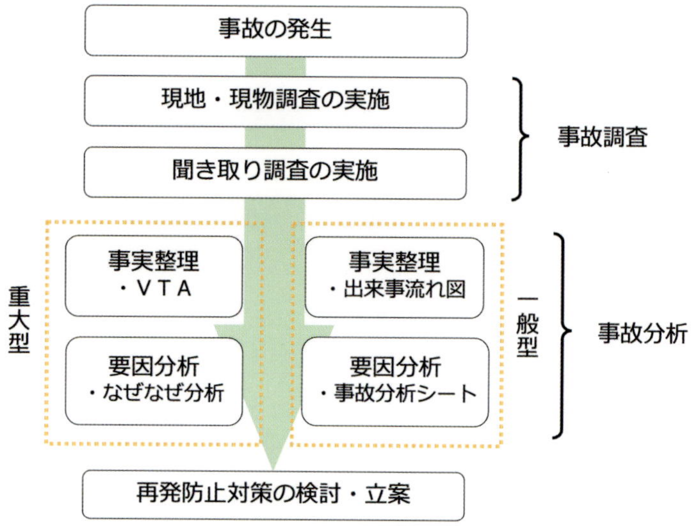

図2.2　事故の調査分析の流れ（全体）

3　事故調査

事故の調査分析を適正に行わなければ、将来起こりうる事故を防ぐための価値ある再発防止対策を立案することはできません。

適正な事故分析を実施するためには、十分かつ正確な事実情報が必要不可欠です。このため、適正な事故調査の実施は、事故分析の質を左右する重要な要素となります。

まずは三現主義※に基づき、現地・現物調査および聞き取り調査を行います。

※ 三現主義
「現場に足を運び、そこで現物を直接見たり現場にいる人の話に真摯に耳を傾けなければ物事の本質は見えない」とする考え方のこと。「現地・現物・現人」ともいう。（畑村洋太郎『失敗学のすすめ』p.295, 講談社 ,2005

ＶＴＡおよび出来事流れ図は、事実情報に基づく分析手法です。このため、事前の現地・現物調査等により、分析材料となる事実情報を集めることがとても重要です。より良い分析結果を導くためには、事実情報の質（正確性）と量（詳細さ）が求められますが、一度の調査で全てを収集することは難しく、分析過程において不足がある場合には、追加調査を行います。

追加調査

「医療事故調査制度に係る指針」（公益社団法人全日本病院協会/2015）によると、聞き取り調査の目的は、事実確認と原因究明の二つがあるとされます。

事実確認のための調査の後、問題のある行動を特定し、原因究明（問題行動の行動背景等）のための調査を行うといった、それぞれの調査を別に実施する必要性を示しています。

このように、聞き取り調査を複数回に分けて行うことが、より良い分析結果を導くために必要である一方、時間間隔を空けることで記憶が薄れ、塗り替えられてしまうことや、調査対象者の調査協力への負担が増してしまうことが懸念されます。

なお、聞き取り調査は、極力一度に抑え、追加調査が必要な場合には、電話、メールまたは質問紙による調査とし、調査対象者の負担軽減に配意します。

4　事故分析[28][29]

ＶＴＡまたは出来事流れ図にて、事故の直接的な要因を導いたのちに、この事象に対して、なぜなぜ分析または事故分析シートにより背後要因を究明し、分析結果に基づいた再発防止対策の検討を進めます。

なお、ここで扱う事故分析は、事故事例に基づく定性的な分析であり、統計等の定量的な分析ではありません。

このため、分析結果の信頼性を高めるような、分析過程での段階的な論理展開が重要です。しかし、当事者等の口述が、分析の最たる判断材料であることから、導き出される分析結果は、仮説の域を越えないものともいえます。

また、事故分析は「可能性のある問題は全て洗い出す」ことが大原則であり、たとえ仮説であったとしても、事故を引き起こした要因の一つとして、解決へ向けた再発防止対策の検討を進める必要があります。

第3章

事故調査の手法

1　現地・現物調査

現地・現物を自身の目で見ることは、事故の発生要因を正確に導くために必要な分析者の姿勢・態度です。

現地・現物調査では、当事者等の行動を詳細に追うとともに、事故当時の状況や行動の背景も含めて、事故の実態把握に努めてください。

交通事故を例に挙げると、実際に運転席に乗車することや、訓練中の事故であれば発生場所で資器材を操作するなど、当事者等と同じ行動をとることも効果的です。

また、現地・現物調査の結果は、その後の聞き取り調査や事故分析においても使用するため、他の分析者がイメージしやすいよう、当事者等の視点を中心に事故現場の全体の状況がわかるように写真撮影する等の記録に努めてください。

2　聞き取り調査

▶3.2.1　聞き取り調査の目的 1)30)31)

三現主義（現地・現物・現人）のうち、「現人」の調査に当たるのが聞き取り調査です。

聞き取り調査の目的は、事故の調査分析のために必要な事実情報を、正確かつ十分に収集することです。

事故の多くはヒューマンエラーに起因するといわれていることからも、事故に関係する当事者等の「人」が、背後要因究明のための重要な情報源となります。

このため、当事者等への聞き取り調査は、事故分析において重要な位置付けにあり、当事者等を「再発防止のための協力者」と認識し、協力をお願いするような丁寧な姿勢で臨むことが求められます。決して当事者等への指導の場や責任の所在を明確にする場ではないため、目的を混同することがないようにしてください。

聞き取り調査では、当事者等が事故当時に何を見て、聞いて、感じて、そしてどう判断したのか、といった行動背景を含めた詳細な情報収集を行います。

「人」の記憶は脆く、容易に塗り替えられ、時には悪意がなくても誤った事実を語ることもあります。このため、「人」という不確実な情報源から重要な情報を引き出すためには、適正な手法による聞き取り調査を行う必要があります。

▶3.2.2　聞き取り調査の心構え 31)32)33)34)35)

聞き取り調査を実施する上で、調査員は次のことを踏まえ実施してください。

責任追及は御法度

事故の調査分析の目的は「組織的な原因究明および再発防止」であり、聞き取り調査の目的はそのための「事実情報の収集」です。このため、指導を目的とした行動監査とは異なるものであり、個人の責任を問うものではありません。

POINT **当事者等から正確な情報を引き出すためには、当事者等が事実をありのままに話せるよう信頼関係を築き、安心感を与える必要があります。**このため、「なぜ誤った判断をしたのか？」、「なぜルールを知らなかったのか？」、「なぜ気づかなかったのか？」等といった**責任追及と解釈されるような配慮のない質問の仕方には十分に注意しなければなりません。**ヒューマンエラーを犯罪のように扱う姿勢は情報の質を低下させるだけでなく、虚偽の報告や精神的な二次被害の誘発にもつながりかねません。

POINT

事故の当事者等は、貴重な情報源であり協力者である

事故の背後要因を究明するための情報は、事故の当事者等しか持っておらず、事故の再発を防ぐための唯一の貴重な存在です。このことから、事実を話してもらうためにも、**調査員との相互の信頼関係を築き、調査協力をお願いするといった位置付けで丁寧な対応で臨むことが必要です。**

POINT

なお、聞き取り調査の心構えとして、次の8か条を参考としてください。

＜聞き取り調査の心構え8か条＞

① 責任追及ではなく「対策指向型」に徹する
② 事情聴取ではなく協力要請の雰囲気を醸成する
③ 先入観を排除し、発生した事実を直視する
④ 事実を感情論や「～べき論」などで否定しない
⑤ 直接関係ないと思われても、当事者の思い出す事情、環境などを全て聞き出す
⑥ 通常と違った行動、判断などを抽出する
⑦「なぜその事象が発生したのか」に重点を置く
⑧ 調査内容は正確にできるだけ詳しく記録する

心身への配慮

聞き取り調査は、正確な事実情報収集のため、できる限り早期に実施する必要があります。しかし、当事者本人や周囲の人間の受傷を伴う事故では、「食事や睡眠がとれていない」ということもあるため、**まず身体的な配慮を優先し、話ができる環境を整えます。**

POINT

また、当事者本人や周囲の人間は事故後に大きな心的ストレス(惨事ストレス)を抱えている可能性があります。聞き取り調査を行う際は惨事ストレスに関する知識を理解した上で精神面での配慮をしなければなりません。

ア　惨事ストレスとは

消防職員をはじめとした災害救援者は、職務上、災害現場で悲惨な体験や危険な状況に直面したことにより、強い精神的ショックを受けることがあります。このようなストレスを「惨事ストレス」と呼びます。

惨事ストレスによる症状は病気ではなく、誰しもに発生し得るストレス反応で、「異常な事態に対する正常な反応」です。多くの場合は時間の経過とともに軽快していきますが、場合によっては、その影響が長引き、ＰＴＳＤ(外傷後ストレス障害)やうつ病などの発症につながる可能性もあります。

惨事ストレスが発生しやすい災害活動としては以下のような例が挙げられます。

・子供や親子が死傷した現場での活動
・著しい身体の損傷等がある現場での活動
・多数の死傷者が発生した現場での活動
・非常に危険または不安定な状況下での活動
・状況が極めて不明確な現場での活動
・極寒・炎熱・暴風・豪雪・異臭等の状況下での長時間活動
・同僚や知人が死傷した現場での活動
・同年代の者が死傷した現場活動
・衆人環視の状況下での活動

イ　聞き取り調査における惨事ストレスケアの留意点

聞き取り調査をする前提として、当事者等にストレス反応が生じている可能性が非常に高いということを理解する必要があります。緊迫した災害現場での活動後や、事故に関わった当事者等の場合、惨事ストレスは「異常な事態に対する正常な反応」として、当たり前の反応であるということを知っておきましょう。軽度の場合は時間の経過とともに収まっていく性質のものですが、重度の場合は様々なストレス反応が現れ、日常生活に支障をきたすこともあります。

惨事ストレスに直面している職員に対して聞き取り調査を行う場合は、当事者等のストレス反応を注意深く観察しながら聞き取り調査を実施してください。ストレス反応が強すぎて話の受け答え等が難しい職員に対して無理に聞き取り調査を実施する必要はありません。

惨事ストレス特有のストレス反応[34)]

惨事ストレス特有のストレス反応として、主要三反応(① 侵入・再体験、② 回避・麻痺、③ 過覚醒)のほか、④ 解離があります。

ファーストショックと呼ばれるもので、凄惨な災害活動後によく現れます。場合によっては、反応が長引き、PTSD(外傷後ストレス障害)やうつ病などの発症につながる可能性もあります。

① 侵入・再体験

・思い出したくないのに、ふとその時の不快な記憶(音や声・におい・感触・情景など)がよみがえってくる。
・あたかもその場面に戻ったかのように、生々しく再現されるような感じになる。(フラッシュバック)
・その時のことについての苦痛な夢を繰り返し見る。

② 回避・麻痺

・その時のことをできるだけ思い出さないようにしたり、その時のことに関する会話などを避ける。
・その時のことを思い出させるような場所や物などを避ける。
・人との関わりを避ける。
・喜びや楽しみ、悲しみ、怒りなどの感情が鈍くなって感じられない。

③ **過覚醒**
・眠れない、途中で目が覚めてしまう、眠りが浅い。
・イライラして怒りっぽくなる。
・集中力がなくて仕事が手につかない。
・いつもびくびくして周囲を警戒するようになる。
・ちょっとした物音などで跳び上がるように驚いてしまう。

④ **解離**（「解離」の状態は、業務遂行上、危険を伴う可能性があり、特に注意が必要です。）
・その時のことが、本当のこととは思われず、テレビや映画を見ている感じがする。
・その時の記憶の一部または全部がない。
・その時の自分をもう一人の自分が見ているような感覚がある。
・注意力がなくなり、自分でも気が付かないうちに、ぼうっとしている。

▶3.2.3 聞き取り調査の事前準備 [4,30,36,37]

時機および実施時間

ア　できる限り早期に実施！

人間の記憶は、時間経過とともに忘却し、その間に見た、聞いた等の体験から簡単に塗り替えられてしまう脆く歪みやすいものです。このため、**事故からできる限り速やかに実施した方が、より質の高い情報を得ることができます。** POINT

しかし、**殉職や重大な受傷事故の場合には、念入りな事前計画を立てる等、慎重な対応が必要です。**

また、長時間の消防活動へ従事した後や十分な仮眠時間が確保できていないといった場合には、休息を最優先とします。

イ　実施時間は1時間程度で！

記憶を呼び起こすには集中力を必要とすることから、聞き取り調査に伴う調査対象者の疲労とストレスは大きなものです。このため、長時間の聞き取り調査をする場合、調査対象者はその負担から「調査を早く終わらせたい」という気持ちを抱くことにもつながり、情報の質を低下させてしまうおそれもあります。

このため、実施時間は1時間程度を推奨します。

第3章

聞き取り調査への協力は「報告する文化」の一つ

『ヒューマンエラーは裁けるか 安全で公正な文化を築くには』(シドニー・デッカー著、芳賀繁監訳　東京大学出版会/2009)では、組織の学習に役立てるため、“実務者には、報告の義務がある”とし、“報告とは、上司、管理組織あるいはその他の関係機関への情報提供である”としています。

報告する文化は、事故や不具合を組織へ報告すること(事故発生後の速報等)に限るものと捉えられがちですが、組織が学習し、再発防止の方法を知るためにも、聞き取り調査を通した“報告”は、報告する文化の一つであると考えられます。

調査対象者の選定

調査対象者は、原則として、次の者を候補とし、事案によって追加してください。

・事故の発生に直接的に関係する職員

・事故の発生に間接的に関係する職員(当事者等の行動、判断等に影響を及ぼしたとされる職員)

POINT **原則として、個別による聞き取りを行ってください。**

グループによる聞き取り調査[38]

グループによる聞き取り調査は、当事者同士が話し合うことで、記憶の想起を促す効果が期待されるため、米国連邦政府機関の航空事故調査では、「パーティシステム」という名称で、良好な人間関係にある3〜4名ほどの当事者同士の話し合いによる調査手法が採用されています。

しかし、日本では国民性や社会的背景から、当事者が自身の不利益にならないよう情報の隠匿や故意的な操作、また他者の発言との矛盾から発言を抑制する等の傾向があり、国内では事故の調査に利用されていない実態があります。

特に階級組織である消防機関では、若年層や下位の階級の職員にとって、先輩職員や上位職の発言と異なる発言をしにくい環境にあると考えられます。

また、グループによる聞き取り調査では、他者の口述の影響を受けやすく、記憶が曖昧であった場合、他者の口述により記憶が塗り替えられ事実と異なる口述をしてしまうおそれもあり、実施に当たっては慎重な判断が必要といえます。

このことから、事故の聞き取り調査においては、個別による聞き取り調査の実施を推奨します。

調査員の選定

POINT

調査対象者1名に対して、原則として、**調査対象者の上司以外の者から、主調査員1名および副調査員（記録担当）1名の計2名を調査員として指定**します。

主調査員は、**事故分析に精通した者が望ましく**、また、**調査員のうち1名は、当該事案に関する業務に精通する者**を選定することで、より円滑な聞き取り調査の実施が見込まれます。主調査員の選定に、資格等の制限はありません。

なお、第三者（参観者を含む。）の同席は避けてください。

表3.1　調査員の役割

	役割	説明
主調査員	聞き取り調査の進行管理 口述質問	聞き取り調査は、主調査員が冒頭説明、質問等を行い進行します。この際、記録やメモは副調査員に任せ、調査対象者の口述への傾聴に集中します。
副調査員	口述内容の記録	努めて録音により口述内容の記録をしますが、調査対象者からの許可が得られない場合もあるため、手記により記録します。 なお、パソコンによる口述内容の記録は、キーボードの打鍵音など、調査の支障となるため使用を避けてください。

上司を調査員に指定しない

調査対象者の指導的立場にあり、人事評価者でもある上司を調査員とすることは、無駄な緊張感を与えてしまうなど、次のような懸念が挙げられるため、原則として、避けるようにしてください。

・上司という立場の責任感から、「事実確認の場」が「指導の場」となる可能性

・職場に迷惑をかけたという自責の念から、調査対象者が口述に集中できない可能性

・人事評価への影響を恐れて、調査対象者自身に不利な事実を隠匿してしまう可能性

また、調査員への指定だけでなく、同席も避けてください。

聞き取り調査場所の準備

ア　場所の選定

聞き取り調査においては、調査対象者が安心し、記憶を思い起こすために集中できる静かで落ち着く環境を整えることが大切です。

このため、聞き取り調査の実施場所については、次の事項に配意してください。

・調査対象者が勤務する建物内の**個室**（盗み聞きされない**安心できる場所**）

・思い出すことに**集中できる静かな場所**

〈聞き取り調査開始前のチェックポイント〉

□庁舎拡声の切断　□携帯電話およびアラーム付時計等のオフ
□電話の不在転送設定　□ノック等しないよう周囲への事前アナウンス

イ　場所のレイアウト

聞き取り調査においては、調査対象者に無駄な心的ストレスを与えることなく、話しやすい位置関係を保つ必要があります。

このため、次の項目に配意し、調査対象者との心の壁を取り払うようなレイアウトとします。

・調査対象者は、調査員と正対しない90度の位置（主調査員の利き腕と逆側）に座らせる。（対面に座る場合は、対決的であり緊張を生み出す。）
・調査員と調査対象者の間隔は1～3mを保つとよい。
・絵やポスターなど、視覚的なイメージを思い出す際に邪魔になりそうなものはできる限り片付ける。

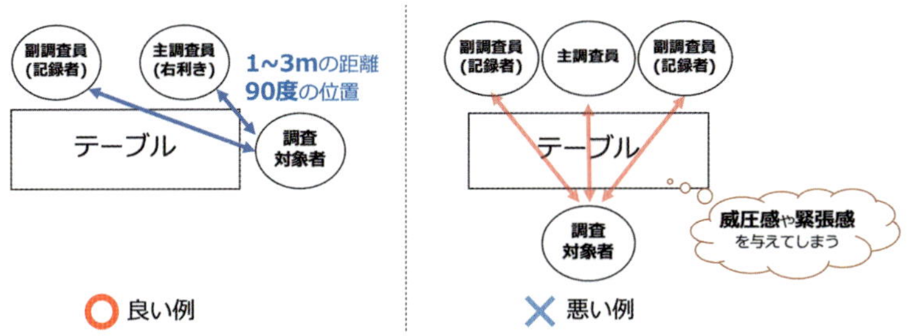

図3.1　レイアウトの例

質問項目の整理

聞き取り調査は、1時間程度の限られた時間内に実施することから、聞き取りの抜け漏れ防止と効率的な進行のため、質問項目をあらかじめ整理する必要があります。

聞き取り調査の実施後は、この結果に基づき、ＶＴＡや出来事流れ図の作成により、事故の詳細を整理していくことから、以降の分析作業を見据えた質問（当事者や周囲の人間が、いつ、どこで、何を聞き、見て、判断し行動したのか等）を洗い出します。

また、ＶＴＡや出来事流れ図の作成後には、背後要因の分析に移行するため、事前の事故情報から、当事者等のエラーを仮説立てた上で、これを誘発した背後要因をｍ-ＳＨＥＬＬの視点から整理し、不足情報や当事者等の行動理由等を探る質問の洗い出しもしていきます。

なお、質問項目は、調査対象者の記憶の想起を手助けするため、事故発生までの時間経過に沿った順序に整理しリスト化することで、より円滑な聞き取り調査の実施につながります。

必要物品

ア　録音機器（ボイスレコーダー等）

記録の抜け漏れを防ぐため、努めてボイスレコーダーによる録音をします。

POINT

ただし、**録音については聞き取り調査の冒頭で、調査対象者の許可を得てから行うよう配意してください。**許可が得られない場合は、無理に録音をせず、副調査員が手記で記録してください。

イ　図面や模型

調査対象者が、当時の状況を思い起こす手助けとするため、現場の図面や車両等の模型等を準備します。これにより視覚的に状況を説明しやすくなり、お互いの認識のずれを防ぐことにもつながります。

また、調査対象者が状況を図示し、説明しやすいよう紙とペンを用意します。

POINT

ただし、**調査対象者の心身への配慮から、事故当時の状況を執拗に思い出させることは禁物です。調査対象者のストレス反応には十分注意し、配慮を忘れないでください。**

その他

調査対象者との相互信頼関係の構築や、円滑な聞き取り調査を実施するため、あらかじめ調査対象者の経歴等の身上の把握に努めてください。

また、調査対象者の各属性に応じた傾向や留意点については、**表3.2**のとおりです。

表3.2　調査対象者の属性に応じた傾向

属性	傾向と説明
年齢	**「若年層職員だから信用できない」ということはない** 10代などの若年層の方が記憶した内容をありのままに話すため、最も情報の信用性が高いといわれています。一方、20代以降、年齢を重ねるほど自身の経験や知識とつじつまが合うよう出来事を解釈する傾向にあります。
資格 経験	**メンタルモデル※により記憶にばらつきがある** 興味や注意などを向けた事柄に対しては比較的記憶する傾向にあります。このため職務経歴や保有する資格、その他専門知識などによって、興味対象や注目度が変わることから、個人により記憶の視点や気づきのポイントが異なります。
性格	**性格は口述に影響しない** 「プライドの高い人は『わからない』と言わないだろう」、「あの人はいい加減だから・・・」などと、個人の性格等から先入観を抱いてしまうこともあるかもしれませんが、性格による口述内容への影響は根拠のないものとされています。このため、先入観を持たないよう留意してください。

※メンタルモデル
「個人が頭の中で無自覚に描く前提、思い込みや価値観」

▶3.2.4　聞き取り調査の具体的手法 30)36)37)

事故の聞き取り調査では、人の話を聞くスキルとして、心理カウンセリングの「傾聴法」と、より正確な情報を引き出すスキルとしての、「認知面接法」を組み合わせた手法を使用します。

「認知面接法」とは、1980年代後半に米国の心理学者により開発されたものであり、調査対象者から記憶に基づく自由想起を最大限に引き出すための面接手法です。

聞き取り調査の流れ

聞き取り調査の流れ	調査員の聞き取り一例
導　　入	
・丁寧な態度で接する	丁寧な対応で、調査対象者との壁を取り払い、信頼関係を構築します。 例：「ご協力ありがとうございます。どうぞ座ってください。」
・自己紹介	自己紹介は、組織の一部ではなく、担当者として対応するといった個人的関係化につながるとされます。併せて調査協力への感謝の意を述べます。 例：「調査へのご協力ありがとうございます。主調査員を務めます○○です。」

第3章

・相手の身を案じる	例：「事故を起こすと、心身共にいろいろと負担が大きいものですが、その後の体調などはいかがですか？」
・調査の目的を説明する	責任追及ではなく、「事故の原因究明・再発防止」が目的である旨を説明します。 例：「事故の対策を検討するに当たって、実際の状況や事故の原因を把握するために行うものです。個人の責任を追及するものではありませんので安心してください。」
・調査対象者の主体性を促す	事故に関する情報を持っているのは調査対象者しかいません。また、時間にも限りがあることから、短時間に効率的な情報収集をするには、調査対象者に主体的に話をしてもらうことが重要です。 例：「事故の聞き取り調査では、○○さんに主体的にお話をしていただきます。私も○○さんが自由にお話をしていただけるよう質問してまいりますので、○○さんも事故当時に見たもの、聞いたもの、そしてどのように感じ判断したのかについて、ぜひ、積極的にお話してください。」
・雑談によるアイスブレイク	調査対象者との信頼関係を構築するとともに、緊張をほぐし、リラックスさせるため、5分程度の雑談を行います。この際もオープン質問（後述）を多用し、調査対象者が話しやすい雰囲気を作ることが大切です。 例：「これから調査に入りますが、取り調べではないので、少し深呼吸してみて、リラックスしてから始めましょう。」
・録音の許可を得る	正確な記録を残すため、録音をしますが、必ず許可を得るようにします。この際、録音の目的、情報の保護について説明します。 例：「聞き漏れなどがある場合、何度も呼び出して聞き直すのも申し訳ないので、正確に記録を残すために録音したいのですがよろしいでしょうか？」 「いろいろと不安に思うかもしれませんが、事故の調査に使用するものであって、それ以外には使用しません。他の職員にも漏れないよう慎重に扱うので、ご安心ください。」

本題	
①オープン質問(自由に話させる質問)を繰り返す	オープン質問とは、調査対象者が自由に制限なく回答できる質問のことをいいます。**また、知らないことは「知らない」、「わからない」と言ってもよいことも伝えます。** 例：「出場指令を聴いたところから現着までの一連の流れについて、**隊長、隊員とのコミュニケーション等も含めて、○○さんが見たもの、聞いたもの、感じたことを一連の流れに沿ってお聞かせください。**」
②範囲を狭めたオープン質問を行う	オープン質問で広く聞き取ったのち、より詳細を聞き取りたい場合には、回答の自由度を狭めたオープン質問を繰り返します。 なお、**繰り返しの同じ質問については、「間違っている」と思っているのではなく「重要な部分の確認のため」であると伝えることも一つのスキルです。** 例：「それでは、～～のときの対応について、周囲の人とのコミュニケーションや見たもの、聞いたものなど、もう少し詳しくお聞かせいただけますか？」
③適宜、口述聴取内容の振り返りをする	振り返り内容に相違がある場合には、「違う」と言ってよいという旨をあらかじめ伝えます。 例：「わかりました。これまでの話をまとめますと、～(振り返り)～ということでしょうか？」
〈事故全体の説明が終わるまで①～③の流れを繰り返す〉	
④最後にクローズ質問(回答が限定的な質問)を行う	クローズ質問とは、調査対象者に対して、比較的限られた範囲の回答を求めるものです。オープン質問の繰り返しにより収集できない情報を得るために用います。
(①～③の一連の流れ以外で、背後要因となりうる事項は、最後に質問をする)	例：「そのときの車両の速度はどれくらいでしたか？」(オープン質問からクローズ質問へ) 「事故当時、活動基準の～について知っていましたか？」
終わりに	
・継続的な情報提供を依頼する ・感謝の意を伝える	調査協力への感謝の意を述べます。また、調査対象者は、聞き取り調査後も何度も事故に関して思い出すことがあるため、思い出した内容は連絡してほしい旨を伝えます。 このことからも、**聞き取り調査の最後は、好印象で終わらせることが大切です。** 例：「ありがとうございました。また何か思い出したら、何でも結構ですので、ぜひ連絡をお願いします。」

聞き取り調査のポイント

ア　オープン質問により状況を説明してもらう

質問方法には、「オープン質問」と「クローズ質問」があります。

①オープン質問

調査対象者が自由に制限なく回答できる質問のことで、調査対象者が自由に情報量や表現をコントロールできるものです。

【例】「出場から現着までの行動を教えてください。」
「交差点に進入した際の状況について詳しく教えてください。」

②クローズ質問

調査対象者に対して、比較的限られた範囲の回答を求めるもので、「はい」「いいえ」を問う質問をはじめ、「何色か？」「何時か？」など、一言で回答を終える質問をいいます。

【例】「車両の速度は何キロでしたか？」
「信号は何色でしたか？」

POINT

聞き取り調査は、オープン質問を主に展開し、調査対象者が主体的に事故状況を語ることで、多くの情報を短時間で効率的に収集します。

この際、オープン質問により、事故当時の状況を説明してもらいながら、さらに“範囲を狭めた限定的なオープン質問”により、詳細な説明をしてもらいます。このことを繰り返すことで、情報の抜け漏れを防いでいきます。

なお、オープン質問により、「弁明の機会」を与えることも重要です。

また、調査対象者自身の体験であるか、または他者から聞いた話や推測により補足された情報であるか、よく確認をする必要があります。

最後にはクローズ質問により事実を固めていきますが、回答の幅に制約のある質問は、記憶へ影響を及ぼすほか、回答が誘導される可能性もあります。そのため、クローズ質問の使用は可能な限り避ける方がよいとされています。

表3.3　オープン質問、クローズ質問の特徴

	利点	欠点
オープン質問（自由に話させる質問）	・情報量が多い。 ・回答をコントロールされている感覚が少ない。 ・想定外の回答を得られる可能性がある。	・話が逸れやすい。 ・聞きたいことを話してくれない場合がある。
クローズ質問（回答が限定的な質問）	・聞きたいことを確実に聞くことができる。	・情報量が少ない。 ・回答が誘導されるおそれがある。 ・推測で回答するおそれがあり、記憶の変容が起こりやすい。

イ　主体性とイメージを持たせる

事故の聞き取り調査を受けた経験のある職員は少なく、うまくオープン質問を実施したとしても、正確で十分な口述をしてくれるとは限りません。このため、「口述への主体性」と「口述の具体的イメージ」を持ってもらうことが必要です。

調査の冒頭説明において、「○○さんには、主体的にお話ししていただきます。ぜひ、積極的に、自由にお話をしてください。」などと主体性を促します。

また、「○○さんの行動について、どこにいて、何を見て、何を聞いて、どのようなコミュニケーションを取ったのかなどを教えてください。」など、回答のイメージを持ちやすいような質問を投げかけます。

ウ　適度な振り返りで、抜け漏れと齟齬を防ぐ

オープン質問、そして、範囲を狭めたオープン質問により情報を収集したならば、振り返りをし、調査対象者との認識合わせを行います。

調査対象者の口述を聞き、調査員が解釈した内容を、調査対象者が当時どのように考え行動したのかを具体的にイメージしながら振り返ることで、不明確な部分を洗い出します。

一度聞いた話を繰り返すことは一見無駄なことのように思えるかもしれませんが、自身の記憶を言葉として的確に表現すること、人の話を一度で全て理解することは、とても難しいことです。このため、調査対象者が意図しないような解釈を主調査員がしてしまうおそれもあります。これを防ぐためにも、適度に振り返りましょう。

また、適度に振り返ることで、「自分の話をちゃんと聞いてもらえている」と調査対象者に安心感を与える効果も期待できます。

＜振り返りの目的＞

①調査員と調査対象者との間で事実情報の齟齬を防ぐこと
②具体的な描写をするために不足する事実情報を把握すること
③丁寧に話を聞くことで調査対象者に安心感を与えること

エ　ラポール（相互信頼感）形成

ラポール（相互信頼感）とは、調査員と調査対象者が対等な協力関係から、お互いに信頼し尊重し合う心的状態のことです。

POINT

聞き取り調査は、現地・現物調査とは異なり、**調査対象が「人」であることから、調査対象者の協力の意思が必要であり、不安や緊張を与えてしまうと、記憶を思い起こす支障にもなりかねません。このため、調査員と調査対象者の間のラポール形成は、情報の質を左右する重要なものとなります。**

しかし、調査対象者は事故調査といわれると、ただでさえ身構えてしまうことに加え、調査員と調査対象者が初対面である場合や、階級、年齢に差がある場合には、ラポール形成が難しい場合が想定されます。このため、次の事項に配意してください。

□　**丁寧な対応**

ラポール形成は、調査対象者の入室時点から始まります。あいさつ、自己紹介から始まり、事故後の心身の状況など当事者の身を案じること、そして、調査目的を丁寧に説明することで、相手に安心感を与え、調査対象者との心の壁をなくしていきます。

□　**雑談によるアイスブレイク**

緊張をほぐしリラックスしてもらうためにも、調査本題前の雑談は重要です。雑談の内容は、事故とは直接関係のなく、調査対象者に関連する話題が良いとされます。効率的な調査のため、身上把握も兼ねて雑談を取り入れてください。

□　**適度なあいづち**

相手の目を見て、適度なあいづちをし、「あなたの話をしっかりと聞いている。」との意思表示をします。ただし、やりすぎには注意が必要です。

□　**主調査員はメモ、記録を取らず、傾聴に専念**

主調査員がメモを取りつつ傾聴する場合、調査対象者から視線を外すことになり、調査対象者の表情等の些細な変化を捉えられません。また、話し相手である主調査員の視線が動くことで、調査対象者が口述へ集中できないおそれも考えられます。

また、調査対象者の目前で記録することとなるため、調査対象者の口述のうち、記録した箇所とそうでない箇所が一目瞭然であり、口述内容への不安と調査自体への不信感を抱かせる原因にもなりかねません。

このため、ラポール形成という観点からも、**表3.1調査員の役割**のとおり、主調査員は自らメモ、記録を取らず、副調査員に一任することとし、調査対象者への傾聴に集中してください。

□　**場所の選定とレイアウト**

聞き取り調査場所の準備(3.2.3参照)のとおりです。

オ　先入観をもたない

事前情報等から、事故の要因について、ある程度の仮説を立て、聞き取り調査に臨みますが、実際に調査対象者の口述の結果、仮説が大きく外れることも多々あります。

このため、事前情報等から知ったつもり、わかったつもりにならず、質問を省略することなく、「一通り聞いてみよう」という姿勢が重要です。

カ　口述の嘘を見抜こうとしない

聞き取り調査を実施すると、事前情報等との食い違いや、他者の口述との矛盾など、調査員として調査対象者の口述に疑念を抱いてしまうケースも想定されます。残念ながら調査対象者の嘘を見抜くことは不可能であり、虚偽発言を抑止するためには、ラポール形成するほかありません。

しかし、意識的、無意識的に関わらず、調査対象者の自己防衛的な態度は避けられないとされます。誰であろうと、自身が起こしたことが事故の原因となってしまうことは避けたいと思うものです。つまり、ラポールが形成されたといっても限界があるといえます。

また、自己防衛的な嘘ではなく、単に調査対象者の記憶違いである可能性もあるため、発言を否定したり、問いただしたりすること、疑うような態度や表情を相手に見せることは、ラポール形成の観点からも、決してしないよう十分に留意してください。

たとえ疑念を抱くような場合であっても、相手の口述に傾聴し、より話しやすい雰囲気づくりに努め、安心感を与え信頼関係を築くことに配慮してください。

仮に嘘を見抜こうと試みた場合、調査対象者から「自分は疑われている」と認識され、その後の調査に協力してもらえなくなるおそれもあります。

キ　誘導する質問をしない

前述のとおり、人の記憶は曖昧なため、調査員の質問の仕方によっては、容易に誘導され、真実とは異なる口述をしてしまう可能性が十分にあります。

オープン質問、クローズ質問を問わず、口述の誘導とならないよう質問の仕方に配慮してください。

表3.4　質問のNG例

表現	例：調査対象者「その時に車両がぶつかったのを見ました。」 調査員「わかりました。激突したときのスピードはどうでしたか？」
	解説：「ぶつかった」との表現が「激突した」に言い換えられたことにより、調査対象者の中で、出来事のイメージが激しい方向へ引っ張られるおそれがあります。 調査員はなるべく調査対象者の言葉や表現に合わせることが望ましいです。
他者の口述	例：調査員「先ほどの調査では、△△さんは～～と言っていましたが、○○さんはどう思いますか？」
	解説：他者の口述内容の共有は、本人の記憶が塗り替えられる可能性や、他者の口述内容と異なっていた場合に、言いづらくなってしまうことも考えられます。 他者の口述内容を教えないことはもちろんのこと、たとえ他者と異なる口述であったとしても、首を傾げたり、問いただすことのほか、強く頷いたりするなど過剰な反応にも気を付けてください。
決めつけ	例：調査員「××についてですが、細かいところですので、あまり覚えていないですよね？」
	解説：このように質問した場合、多くの場合は「そうですね」「はい」などと答えてしまいます。また、思い出せなくても、調査員はあまり気にしないだろうという印象を調査対象者に与えるほか、思い出そうという努力をしなくなり、情報量の低下につながりますので注意が必要です。
調査員の価値観	例：調査員「私も隊長をやっていたので気持ちがよくわかります、こういうときって普通できないじゃないですか。」
	解説：「普通」というのは、調査員の主観であり、他者と共通しているとは限りません。このように調査員の持っている常識や価値観だけで話をしてしまうと、調査対象者の回答が、調査員の常識や価値観に引き寄せられること（アンカリング）があるので、注意してください。

アンカリング
（アンカリングバイアス・アンカリング効果）[39]

アンカリングとは、最初に与えられた情報に固執する傾向を指し、一度固執してしまうと、何かを思い決めるときに、以後与えられた情報を適切に活用できなくなってしまうバイアス（偏見）のことをいいます。最初に与えられた情報を船の錨（アンカー）に例え、思考を一点に釘付けしているようなイメージです。調査員が質問や情報の提供方法に注意し、調査対象者を誘導するような情報（アンカー）を与えないようにしましょう。

ク　一度に複数の質問をしない

聞き取り調査において、調査対象者は記憶を呼び起こす作業の連続です。このため、一つの質問につき、一つの回答を求めるよう心掛けてください。

一度に複数の質問をすると、一つ目を回答している間に、二つ目の回答を忘れてしまう可能性もあり、調査対象者にとって負担となります。

ケ　「間」を大切に

調査対象者の口述に対するタイミングのよいあいづち等のリアクションは重要な傾聴スキルですが、調査対象者の口述終了後、次の質問へ移る際は、十分な「間」を持つことが大切です。

質問を投げかけてから、すぐに口述を始めなかったとしても、「覚えていないでしょうか？」、「思い出すのは難しいですか？」などといった発言はしないように十分に注意してください。

POINT

集中して一生懸命思い出している場合もあるため、調査対象者のペースに合わせ、目安として5秒程度、相手側からの発言を根気よく待つようにしてください。

コ　強要しない

調査対象者のペースに合わせても、思い出せない場合や答えたくないという意思表示があれば、それ以上回答を求めないでください。

POINT

事故の原因究明・再発防止のための口述を取ることが目的なので、調査対象者に必要以上の負担をかけないように配慮してください。

調査対象者が
情報を思い出せない場合の一工夫

・記憶が呼び起こされるまで調査対象者からの発言を根気よく待つ。
・目をつぶることで、思い出すことに集中させる。
・時系列とは逆の順序で思い出してもらう。
・周囲の人間や周囲の出来事から思い出してもらう。

▶3.2.5　調査員同士の振り返り

聞き取り調査終了後、調査員同士の「振り返り」によって、そのときにどのように聞き取り調査を行う必要があったのかを次の機会に生かすこともできます。スキルの向上のためにも調査員同士で振り返ることは非常に大切なことです。

また、災害に関連する生々しい話を聞く調査員も、気づかないうちに惨事ストレスを抱えてしまう場合があります。そのため、振り返りを通して、調査員同士でそのときに思っていた感情、心の内を話す（負の感情を離す）ことが必要です。時間や場所に固執することなく、調査員同士で自由に実施できるタイミングで行いましょう。

二次的外傷性ストレス（Secondary Traumatic Stress）40）

他人のトラウマや痛ましい体験を間接的に目撃したり、サポートする過程で経験するストレス反応です。トラウマとなる出来事を体験したことを知ることにより、自然に、必然的に起こる行動や感情のことを指します。

二次的外傷性ストレスの対処法として、自分たちが外傷性ストレスにさらされることについて定期的に集まり話し合う機会を持つことが挙げられます。このような集まりの主要な目的は、二次的にさらされる感情に影響が及ぶ体験は普遍的であるとすることです。外傷性ストレスの影響を受けたときには、集団でそれについて議論し、他の構成員たちは自分たちの反応を話し合う必要があります。集団のリーダーは、この問題を個人的な問題ではなく集団にとっての問題だと定義し、取り組みます。

聞き取り調査の全体像

冒頭あいさつ　～調査協力への感謝、自己紹介、心身への配慮、丁寧な対応～

「事故の事実確認ということで、お時間いただき、ありがとうございます。主調査員の××です。
副調査員は△△が務めます。どうぞよろしくお願いします。事故後のお身体の具合はどうですか？
心的な負担も大きかったと思いますがいかがでしょうか？」

調査主旨の説明　～目的等の説明、協力依頼～

「本調査は、今後二度と同様の事故を繰り返さないよう、事故の原因を究明し、組織として再発防止に取り組むための事実確認を行うものです。行動監査ではないので、事実をありのまま話していただければと思います。また、聞き取り調査では、○○さんに主体的にお話をしていただきます。私も○○さんに自由にお話をしていただけるよう質問しますので、○○さんも事故当時に見たもの、聞いたもの、そしてどのように判断し行動したのか、ぜひ、積極的にお話をしてください。事故のことを知っているのは、○○さんだけですので、どんなに些細なことでも構いませんので、お話しください。また、わからないことはわからないと言っていただいて構いません。」

雑談　～アイスブレイクによりリラックス～

本題質問

①オープン質問、②範囲を狭めたオープン質問、③振り返り、④必要に応じてクローズ質問により展開

感謝　～調査協力への感謝、継続的な協力依頼～

「今後原因究明に当たり、さらなる疑問もでてくると思いますので、その際はご協力よろしくお願いします。また、もし何か思い出したことがありましたら、何でも結構ですので、ぜひ連絡をお願いします。貴重な情報ありがとうございました。」

本題質問の構成（ＰＡ連携を例に）

出場指令

（オープン質問）「出場指令から出場までの流れについて教えてください。」

（範囲を狭めたオープン質問の繰り返し）

「通信室に入ってからの動きを詳しくお聞かせください。」

（振り返り）「振り返らせていただきます･･･」　**（必要によりクローズ質問）**

出場

（オープン質問）「出場から現着までの流れについて教えてください。」

（範囲を狭めたオープン質問の繰り返し）

「交差点進入時のコメンタリーの部分について詳しくお聞かせください。」

（振り返り）「振り返らせていただきます･･･」　**（必要によりクローズ質問）**

現着

（オープン質問）「現着から傷病者接触までの流れについて教えてください。」

（範囲を狭めたオープン質問の繰り返し）

「関係者と接触時のやりとりについてもう少し詳しくお聞かせください。」

（振り返り）「振り返らせていただきます･･･」　**（必要によりクローズ質問）**

傷病者接触

（オープン質問）「傷病者接触から救急隊到着までの流れについて教えてください。」

（範囲を狭めたオープン質問の繰り返し）

「容態観察時の隊員の位置関係の部分を詳しく教えてください。」

（振り返り）「振り返らせていただきます･･･」　**（必要によりクローズ質問）**

救急隊到着

聞き取り調査の良い対応例・悪い対応例

業務中の交通事故を想定した聞き取り調査例は以下のとおりです。

なお、赤丸(○)は推奨する対応、青バツ(×)は不適切な対応を表しています。

想定:「救急車が医療機関引揚げ時に、静止物の存在を失念し接触した事案」

(※フィクションです)

登場人物　主調査員:A、副調査員:B、調査対象者(救急隊長):Y、その他:C・D

×【悪い対応例】	○【良い対応例】
A:主調査員のAです。副調査員のBです。○○のCとDです。 それでは聞き取り調査を始めます。よろしくお願いします。 (×:第三者の同席、事故調査の目的や位置付けを話さない)	A:事故の事実確認ということで、お時間いただき、ありがとうございます。主調査員のAです。副調査員のBです。どうぞよろしくお願いします。ここの消防署は、すごく綺麗にされていますね。(○:アイスブレイク) Y:はい、若手職員が毎日綺麗にしてくれています。 A:そうなんですね! さて、事故後の体調はどうですか? 心的な負担も大きかったと思いますが。(○:相手の身を案じる) Y:昨日もよく寝れていますし、体調は大丈夫です。お気遣いいただきありがとうございます。 A:本題に入る前に、事故調査の位置付けを説明します。 今回の調査は、事故の対策を検討するに当たって、実際の状況や事故の原因を把握するために行うものです。個人の責任追及のために行うものではありません。当番中に起きた事故の事実確認のため、1時間ほどお時間いただきたいと思います。 (○:緊張を和らげる、調査目的の丁寧な説明) Y:よろしくお願いします。それよりも私の不注意で皆さんに迷惑をかけ、本当に申し訳ありませんでした。 A:事故は誰もが起こす可能性があるものです。同じ事故を他の職員の方が起こさぬよう再発防止につなげていくための重要な調査です。ぜひご協力お願いします。
A:早速ですが、調査に当たって、Bが記録しますのでよろしくお願いします。 (×勝手に録音し始める) Y:あ、録音するんですね・・・ B:あとで確認しないといけないので。何か問題ありますか? Y:あ、問題は特にないです・・・わかりました。	A:早速ですが、調査に当たってBが記録するのですが、聞き漏れを防ぎ、正確に記録を残すためにも、録音させていただきたいのですが、よろしいでしょうか? (○:録音の許可を得る) Y:録音するんですね・・・ A:事故の調査・分析に使用するもので、それ以外に使用することはありません。また、署の上司にも公開することはありません。あくまで事故を正確に記録するためのものですので、ご理解いただけないでしょうか? (○:丁寧な説明) Y:わかりました。

➘A：それでは、これから調査に入ります。しっかり事実を話してくださいね。嘘をつくとあなた自身の身分に不利益となるので、絶対に嘘はつかないように。 （×：高圧的な対応、疑うような言動、処分をちらつかせる） Y：わかりました。	➘A：ありがとうございます。 それでは、これから調査に入ります。あくまでも 、再発防止のための聞き取りです。取り調べではないので、リラックスして、事実を正直にお話ししていただきたいと思います。 （○：緊張を和らげる） Y：わかりました。 A：ここでは、Y主任に主体的にお話をしていただきます。私もY主任が自由にお話をしていただけるよう質問していきますので、事故当時に見たもの、聞いたもの、そしてどのように感じ、判断したのかについて、ぜひ、積極的にお話しください。 （○：調査対象者の主体性を促す、口述のイメージを持たせる） それから、事故のことをよくご存知なのは、Y主任だけですので、どんな些細なことでもいいのでお話しください。ですが、わからないものはわからないと言っていただいて構いません。推測で話をされないようにしてください。 （○：わからないことは、わからないと答えてよい旨の説明） Y：わかりました。
A：それでは、事故当日のことについて話を聞かせてください。 （×：イメージをしにくい質問） Y：その日は、当直だったこともあって、いつもより30分ほど早く出勤しました・・・ A：あー関係ないところは結構ですので、事故発生のときのことを話してください。 （×：調査対象者の話を遮る） ➚	A：それでは、これから事故当日の状況について話を聞いていきます。まず、事故当日の朝、出勤したときから大交替までの一連の流れを話していただけませんか？ （○：オープンな質問、口述のイメージを持たせる） Y：そこからですか？　あまり関係ないと思いますが・・・ A：はい。事故にはどのようなことが関わっているか、些細なことからつながりが見つかることもあります。大変かと思いますがよろしくお願いします。 Y：わかりました。その日は当直だったこともあって、いつもより30分ほど早く出勤して、当直士長とその日の予定を話しました。着替え終わったあとは事務室へ向かい、係の申し送りを受けて、大交替に行きました。 A：わかりました。それでは大交替から出場、医療機関到着までの話を聞かせてください。 Y：相番からの申し送りを受けて、一次点検で各隊異常ないことを確認したあと体操をして、二次点検中に出場がかかりました。「高齢男性、動けないもの」という指令内容を隊員、機関員と確認しました。 出場中は交通量もそれほど多くなく、いつもどおりコメンタリードライブをして、赤信号交差点では一時停止して通過しました。機関員は慎重な運転をする職員で、運転に関して特に気になることもありませんでした。 現場に到着し、活動自体は特に何事もなく、車内収容し医療機関へ搬送しました。私が医師に引き継いでいる間、隊員・機関員には資器材の点検をしてもらっていました。➚

➘	➘A：わかりました。ありがとうございます。 一旦、振り返りたいと思います。相違がある場合には、違うと遠慮なくおっしゃっていただいて構いません。（○：適宜、口述内容を振り返る、違うと言ってもよい旨の説明） 1件目は特に変わった様子もなく、傷病者を通常どおり車内収容し医療機関へ搬送、医療機関到着後も変わった様子はなかったということですね。 Y：そのとおりです。特に間違いはありません。
Y：医師への引継ぎが終わって、私は車に戻るとすぐに助手席に乗り込みました。隊員と機関員から資器材の点検結果に異常がないことだけ報告を受け、隊現況を転戦可能および引揚げにしました。 車が動き出して左に曲がり始めてすぐに、何かにぶつかった衝撃がありました。外に出て確認すると、車両左側が金属製のポールに接触していました。 A：ちょっといいですか？（×：調査対象者の話を遮る）発車前に車両周囲の確認は必ずやると思うんですけど、何でしなかったんですか？隊長として隊員や機関員に教育してないんですか？（×指導、誘導質問） Y：おっしゃるとおりです。本当に申し訳ありません。隊員や機関員にも改まって教育することはありませんでした。 A：障害物を検知して警報音で知らせるソナー機能ありますよね？ 何で気づかなかったんですか？ Y：すみません。 A：事故のときは切っていたということですよね？（×決めつけ） Y：そのとおりです。すみません。 A：ダメでしょ。（×評価、指導） Y：すみません。 A：機関員は、隊長が車両周囲を見たと思ったから自分は見なかった、と言っていますが、どちらが本当なんですか？（×：他者の口述を用いない） Y：すみません。病院に着いたときにはポールの存在に気づいていたんですが、傷病者を医師に引き継いだりしている間に失念してしまっていました。お互いに相手が見てくれただろう、と思い込んでいたんだと思います。 A：普通はお互い確認すると思うんですけどね。まあいいです。わかりました。（×：主観、調査対象者への指導、発言を否定、内容を振り返らない）➘	A：それでは、医療機関引揚げから事故が発生するまでのことを教えてください。（○：オープンな質問、口述のイメージを持たせる） Y：はい。医師への引継ぎが終わって、私は車に戻るとすぐに助手席に乗り込みました。隊員と機関員から異常なしとだけ報告を受けたので、引き揚げようと指示しました。 車が動き出して左に曲がり始めてすぐに、何かにぶつかった衝撃がありました。外に出て確認すると、車両左側が金属製のポールに接触していました。 すぐに私は無線で事故報告、警察官要請、携帯電話で署に状況を報告しました。 A：わかりました。ありがとうございます。 一度、情報を整理するために振り返って確認します。誤っているところがありましたら、教えてください。（○：適宜、口述内容を振り返る、違うと言ってもよい旨の説明） 車に戻ってすぐに助手席に乗り込んだとのことですが、それは何か理由があったのですか？ Y：急いでやらなければいけない業務を思い出して、早く署に戻りたいという思いがありました。また、隊員と機関員からの異常なしという言葉で、車両周囲はもう見てくれているものと思い込んでいました。 A：隊長が助手席に乗ってから、隊員と機関員とは具体的にどういう会話をしたのですか？ （○：必要に応じてクローズ質問） Y：私が「資器材とかは大丈夫だった？」と聞いたら、隊員が「大丈夫です。」と答えたので、私は「じゃあ引き揚げよう。」と言いました。私が車に戻ってから、機関員が「引き揚げます。」と言って車を動かして機関員の死角にあったポールにぶつかるまで、機関員は忘れていたんだと思います。 A：わかりました。ありがとうございます。 死角というのはどのあたりでしたか？ Y：車両の左前方です。 A：なるほど、わかりました。車両には障害物を検知して警報音で知らせるソナー機能があると思うのですが、それは機能していましたか？ Y：一時的に警報音を切っていたと思います。 A：切っていたんですね、何かあったんですか？ ➘

では、事故後の対応を教えてください。 Y：すぐに私は無線で事故報告、警察官要請、携帯電話で署に状況を報告しました。 A：無線報告された時間を見ると対応が遅いように思うんですが、本当にこの流れで事故対応したんですか？ （×：調査対象者への指導、発言を否定） Y：状況の確認もしないといけなかったので少しだけ報告が遅くなったかもしれませんが、しっかりと事故対応はしました。 A：しっかりとねえ。もっと早く報告すべきじゃないんですか？少し報告が遅いですよ。 （×：個人的な思い込み、指導、主観） Y：すみません。	Y：車両誘導の声が聞こえづらいということで一時的に切っていました。医師への引継ぎの間、他の救急隊の邪魔にならないように車両を移動させたのですが、狭い場所だったので、警報音が鳴って、誘導の声が聞こえづらかったからです。 A：そうだったんですね。 Y：あの時、障害物を検知する機能を切らずに、警報音を聞いていれば機関員もポールの存在を思い出すきっかけになったかもしれません。 A：車両の左前方にポールがあったことは最初から気づいていましたか？ Y：病院に着いたときには機関員もポールの存在に気づいていたんですが、傷病者を医師に引き継いだりしている間に失念してしまったのだと思います。私が機関員にポールの存在を忘れていないか念のため確かめておけばよかったです。
A：それでは、何か普段と違っていたようなことなどはありますか？ Y：急ぎの業務があって、早く戻りたいと思っていたことですかね・・・ よく行く病院ですし、他に普段と違うようなこと、うーん・・・ A：・・・なかなか思い出せないようですね。（ペンをカチカチしたり、腕組みをしながら） （×：思い出し妨害、傾聴する態度でない） Y：・・・（沈黙が続く） A：黙ってたらわかりませんよ。何か言ってください。 （×：覚えていないと決めつけない、思い出させる工夫をしない、口述を強要）	A：それでは、出勤してから事故発生までの間で何か普段と違っていたようなことなどはありますか？ Y：急ぎの業務があって、早く戻りたいと思っていたことですかね・・・ よく行く病院ですし、他に普段と違うようなこと、うーん・・・ A：なかなか思い出せないようですね。 それでは、目をつぶっても構いませんので。 Y：・・・（沈黙が続く） A：何か思い出せたら、何でも話をしてください。わからなかったら、わからないで結構です。（○：わからないことは、わからないと答えてよい旨の説明） Y：あそこの病院はですね、図面とかありますか？ A：あります。現場の図面と車両の模型がありますので、何か思い出せることはありますでしょうか？ （思い出す過程は中略）
A：隊長ってこの事故がどうして起きたのか、わかってます？（×：責任追及と受け取られる発言） Y：機関員とのコミュニケーション不足だと思います。若い機関員ですが運転は上手で、運転に関して私から何かいうことはありませんでした。機関員に任せきりにしていた私の責任です。すみませんでした。（責任を感じてしまい泣く） A：いや、泣いても調査は終わらないんで。コミュニケーション以前に隊長としての資質ですよね。隊長がしっかりしていれば起きるはずのない事故だと思うんですよ。隊長職を続けたいなら自覚をもってやってもらわないと。（×：私的な思い込み、高圧的な対応、指導、発言を否定、事故の原因を個人に落とし込む）	A：わかりました。私からの質問は以上です。 ご協力いただきありがとうございました。本日の聞き取り調査の結果を基に再発防止対策に生かしていきたいと思います。今後、事故の原因を追究するにあたり、疑問点が出てくることもあると思いますので、その際はまたご協力をよろしくお願いします。 それから、もし何か思い出したことがありましたら、何でも結構です、メールでも電話でも構いませんので、ぜひご連絡をお願いします。（○：継続的な協力依頼）

➘ 今後このようなことがないようにしっかり頼みますよ。もう調査をすることもありませんので。 （×：調査対象者へ指導、協力依頼および協力に対する感謝をしない） Y：はい。わかりました。今回のことは本当に申し訳ありませんでした。以後このようなことがないよう気を付けます。	➘ 貴重な情報をありがとうございました。 （○：協力への感謝を伝える） Y：はい、わかりました。ご迷惑おかけしてすみません。

聞き取り調査　会場準備チェックリスト

□ **集中できる静かな個室であるか？** 一人一個室とし、静かで集中でき、かつ、安心して話のできる環境を用意する。
□ **ポスター等の集中を阻害するものはないか？** 調査対象者が、記憶を思い起こすことに集中できる環境を整える。
□ **調査員は、必要最低限の人員であるか？** 調査対象者の上司以外の者から、調査員2名を選定する。 事故分析や当該事案に関する業務に精通する者が調査員である方が望ましいが、それを理由に調査員をいたずらに増やすことは避ける。 傍聴者の同席は避ける。
□ **調査対象者と調査員の位置関係は、対面でないか？** 信頼関係を構築するため、90度の位置関係をとる。
□ **記録の準備はできているか？** パソコンによる録取は、打鍵音が集中を阻害するおそれがあるため、手記による記録を原則とする。 手記に加え、ＩＣレコーダーによる音声記録の準備(バッテリー、記録容量等の確認)もする。

聞き取り調査　留意点チェックリスト

□ **自己紹介、身を案じる等の丁寧な対応に徹する** お互いの心の壁を取り除き、信頼関係の構築に努めます。調査対象者は調査への協力者です。また、雑談による緊張ほぐしも忘れずに実施しましょう。
□ **調査目的の説明** 「事故の原因究明・再発防止」を主眼とし、事実確認の場であることを説明、責任追及や指導の場でないことを肝に銘じてください。
□ **録音の許可を忘れずに！** 正確な記録を残すため録音をしますが、許可が得られない場合には、無理に録音しないようにしましょう。
□ **主調査員はメモをせず、傾聴に専念** 相手の目を見て、聞くことに専念します。話を遮ることは御法度です。
□ **「口述の主体性」と「口述のイメージ」を持たせる** 会話の主導権を相手へ渡し、自由に話をしてもらうことで、多くの情報を効率的に収集します。
□ **オープン質問の繰り返しにより状況を説明してもらう** 必要に応じて、範囲を狭めたオープン質問により、詳細な情報を収集します。
□ **調査の「間」を大切に！** 調査対象者が発言するまで5秒程度、根気よく待つこと。次の質問への移行は一息ついてからにしましょう。
□ **適宜、口述内容を振り返ろう！** 振り返りにより認識のずれを防ぎ、同時に情報の抜け漏れを確認します。
□ **禁止事項を行っていないか** **「指導・誘導・先入観（決めつけ）・強要・嘘見抜き・価値観提示」** 話したくないことを無理に強要せず、口述からできるだけ事実に近い情報を効率的に引き出すためのコツとして肝に銘じましょう。
□ **最後は感謝を伝えます** 調査の最後は、好印象で終わらせるようにしましょう。

NOTE

第4章

事故分析に入る前に

0　事故分析に入る前に

第3章で述べた事故調査の手法により事故の詳細な情報を得たならば、次はその情報を基に、組織的な原因究明および再発防止を図るため、事故を分析することになります。

本章の内容は、重大型と一般型の事故の両方に共通して、分析に入る前に必要となるものです。

1　事故情報の共有

POINT

事故情報を共有することは、多くの職員の事故への警戒心を強め、積極的な安全行動を促す効果が期待できます。つまり、**事故情報の共有は“有効な再発防止対策の第一手”であるといえます（ただし、共有時には個人名を伏せたり表現に注意するなど、当事者等への配慮は忘れないこと）**。

しかし、この効果は一時的なものであり、継続性が見込めません。このため、適正な事故分析により、組織として仕組みや環境を改善するような再発防止対策を講じていく必要があります。

2　事故分析の基本 [1,2,3,4,25,31]

▶4.2.1　ヒューマンエラーは事故の「原因」となるか？

ヒューマンエラーは決して望ましいものではありません。しかし、人間である以上、誰もが起こす可能性のあるものです。

「望ましいものではない」という考えが先行してしまうと、当事者等の起こしたヒューマンエラー自体を事故の原因として捉えてしまい、当事者等へ責任追及するような思考に陥り、事故の発生要因を正確に導くことができなくなるおそれがあります。

ヒューマンエラーは事故の「原因」ではなく、その背後にある要因が引き起こす「結果」であるといわれています。この考えを前提に、分析者は事故分析に臨むことが重要です。

POINT

▶4.2.2　ヒューマンエラーと事故発生モデル

事象の連鎖

事故は、「事象の連鎖」(図4.1)により発生するといわれています。

これは、何らかのヒューマンエラーまたは通常とは異なる状況・状態等を起点に、エラーが連鎖し最終的に事故につながるという考え方です。

事象の連鎖 (Chain of Events)

事故やインシデントは単純な一つのエラーや問題点から発生するのではなく、いくつかの小さなエラーや問題(イベント)が連鎖した結果、最終的に発生しているという考え方です。

事故発生前の最後の引き金を引かされるのはいつも現場の第一線者です。このため、事故の直前の問題事象だけに捉われることなく、連鎖する問題事象全体の改善に意識を向けることが重要であり、これに加えて、最後の引き金を引かされた当事者への責任追及とならないよう、特に注意しなければなりません。

事象のチェーンまたはエラーチェーンともいいます。

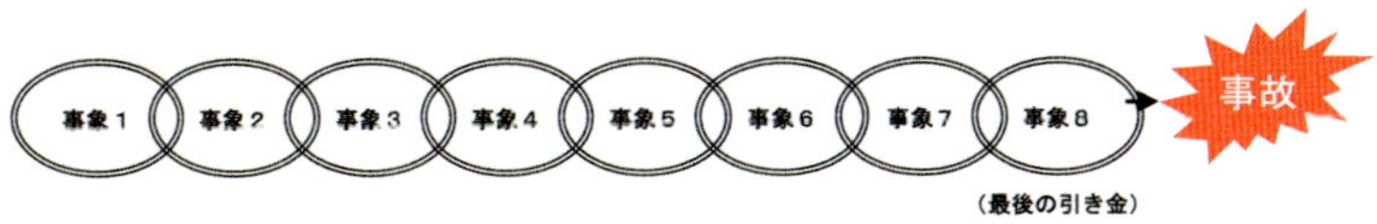

図4.1　事象の連鎖

m-SHELLモデルとスイスチーズモデル

ヒューマンエラーが関係する事故は、**図4.2**に示すプロセスを経て発生するとされています。

m-SHELLモデルが崩れることでヒューマンエラーが発生し、スイスチーズモデルを貫くことで事故に至るという流れです。

これを先ほどの事象の連鎖に例えると、ヒューマンエラーの発生が出発点となる事象1のエラーとなり、これが連鎖して事故につながる、という流れになります。

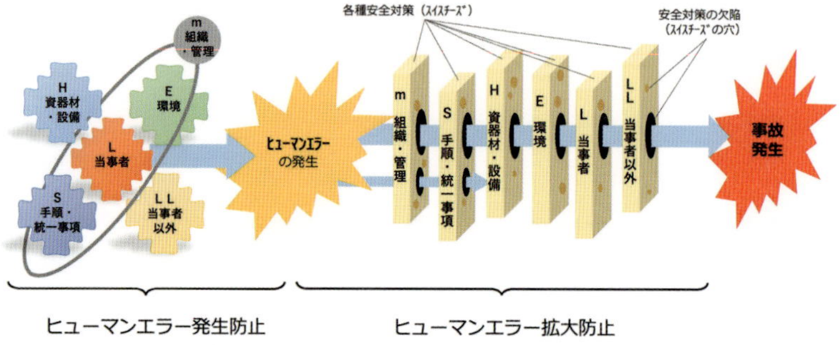

図4.2　ヒューマンエラーを起点とした事故発生プロセス

POINT ヒューマンエラーによる事故の分析は、①ヒューマンエラー発生防止、②ヒューマンエラー拡大防止の二つの観点から取り組むとされています。

▶4.2.3　事故分析の留意事項

第2章で、事故の調査分析の目的は、「組織的な原因究明および再発防止」であると述べましたが、**事故分析により導き出す要因や対策案に、唯一最良の方法（絶対的な正解）はない**といわれており、事故の再発防止のためには、導いた要因に基づく各種対策に、職員が柔軟に対応していくことが求められます。

POINT

このため、複数人による十分な議論に加え、説得力があり、皆の賛同が得られ、納得感のある分析結果を導き出すことが重要です。

これらのことから、以下の三つを重要な留意事項として位置付け、よく理解した上で分析に臨んでください。

①人は誰でもエラーをする。システム（仕組み）の脆弱性の解消を目指す。
②定められた手順、十分な議論等を踏むことで、事故分析の信ぴょう性を高める。
③分析結果への職員の賛同、納得感を重視する。

また、分析者は事故の発生経緯から事故の顛末まですべての情報を把握しているため、後知恵バイアスに陥るおそれがあります。このため、事故分析においては分析者一人で行うことなく、複数人で十分に議論の上、結果を導いていくという過程が重要です。

後知恵バイアス

ある事象の結果を知ることで、他者や自己が結果を事前に予見できた可能性を高く見積もってしまう傾向のこと。具体的には次のとおり。

- □　因果関係を簡略化しすぎる
- □　結果の見込み（と予見能力）を過大評価する
- □　規則や手続きに対する違反を過大評価する
- □　当事者に与えられた情報のその時点での重要性を誤判断する
- □　結果の前に行った行動と結果をつりあわせる。チャンスを逃した、見通しが悪かった、判断ミスなど

3　グループワーク要領[29][41][42][43][44][45][46]

▶4.3.1　参加者の指定

ここで扱うヒューマンファクターの視点による事故分析は、統計分析などの定量的なものではなく、一つの事例を詳細に見る定性的な分析であるため、分析結果に対して、分析者の主観が反映されやすく、結果が安定しないという課題があります。

このことから、分析結果の主観性をできる限り排除するため、事故分析の知識を持つ主たる分析担当者を中心とした複数の職員(2名以上)にて実施してください。具体的には、分析の進行者を含む4、5名程度を推奨します。

また、円滑な進行のため、最低1名は当該事案に関する業務に精通した職員としてください。

POINT

なお、**原則として、参加者には当事者等を指定しません。**これは、次の理由から事故分析の円滑な進行を妨げるおそれがあるためです。

①当事者等は事故発生への自責の念から積極的な発言がしにくい。
②当事者等の心境に気を遣うなど、他の参加者の積極的な発言に支障をきたす。
③事故分析自体を当事者等への責任追及と解釈されてしまう。

▶4.3.2　事前準備

検討を円滑に進行させるため、ホワイトボードや付箋(**写真4.1**)または大型ディスプレイの使用(**写真4.2**)等を推奨します。

ホワイトボードを使用する場合には、参加者の意見および提案をその都度、付箋に記入し、ホワイトボードに貼り付ける等して分析を進めると効率的です。

また、大型ディスプレイを使用する場合には、事故の写真等の映像を映すことができる等の利点があります。

＜事前に準備するもの＞

- ホワイトボード
- 付箋
- ペン
- 現地・現物調査および聞き取り調査の結果等
- 当該事故に関連する業務資料(各種規程、既出通知等)

写真4.1
ホワイトボードを用いた分析

写真4.2
大型ディスプレイを用いた分析

ホワイトボードや大型ディスプレイのほか、事故概要の説明がしやすいよう、紙、ペン、写真等の準備をすると効率的です。交通事故の場合、車両の模型等があると、より円滑な情報共有が見込めます。

実施場所については、当事者等が見聞きできないような配慮が必要です。

▶4.3.3 円滑なグループワークのために

ブレインストーミング（集団発想法）

ブレインストーミングとは、参加者の自由な発言から、その連鎖反応を促進し、多種多様なアイデアを求める会議手法です。アイデア創造の手法として用いられるもので、出されたアイデアは有効性を加味し、建設的に議論して絞り込んでいきます。事故分析では、原因究明や再発防止対策の検討において、参加者それぞれが持ち合わせる知識・経験を基に、自由な発言を促すことによって、より良い成果が期待されます。ブレインストーミングには四つの原則がありますので、必ず守るようにしてください。

＜ブレインストーミングの4原則＞

原則①	批判厳禁	他者の意見の批判は絶対にしない。
原則②	自由奔放	突飛なアイデア、非現実的なアイデアも歓迎する。
原則③	量を求む	多ければ多いほど良いアイデアが出る可能性が高まる。
原則④	便乗改善	他者のアイデアに便乗し、改善したアイデアを推奨する。 複数アイデアを組み合わせて発展したアイデアも良い。

ファシリテーター

ファシリテーターは、「会議が円滑に行われるよう、その対話の内容より過程を後押しし、活発な意見が出る“場づくり”を演出する役割を担う人」です。ファシリテーターに求められることは、主に次の三つです。

① 会議をデザイン（設計）できるか

ファシリテーターは、単に会議を進行する人ではありません。会議の必要性や目的を明確にし、その達成のために「議論の順番を組み立てる」ことが重要です。

どのような順番で進め、どのように議論すれば結論に至り、参加者全員が納得できるのかについてもおおよそ設計しておきます。

②　会議の進行を後押しできるか

ファシリテーターは、会議当日は、どのような順番で誰に発言してもらうか、どのように意見を整理するか、どのように時間管理をするかを考えながら、事前の設計に沿って進行していきます。

全体を俯瞰しているつもりでも、時として予期せぬ方向へ進んでしまうことがあります。その都度、軌道修正を行いながら会議のゴールに到達するため、発言の促しや質問の後押しが求められます。

③　“場づくり”ができるか

ファシリテーターは、中立的な立場で、参加メンバーのことを100%信じ、受け入れ、尊重するという姿勢を示すことが必要です。ファシリテーターのこのような姿勢が、心理的に安全な場を演出する役割を担います。

心理的な空間のほか、机・椅子の配置を目的に応じて設定することで、対等な雰囲気を醸し出すことができます。机・椅子の場に人が合わせるのでなく、目的やメンバーに場を合わせるという発想が重要です。

実施に向けて

ファシリテーターは、円滑な進行とより良い結果を導くための重要な役割を担っています。ファシリテーターは、事故分析の担当者の中から指定してください。

ア　進行の事前計画

「導入説明」、「情報共有」、「議論」、「ブレインストーミング」および「取りまとめ」の五つの流れで会議を進行します。このため、各流れでの進行内容を事前に整理、計画しておいてください。

イ　会場設営

闊達な意見が出るような環境づくりも大切です。講義形式ではなく、お互いの距離を近くするといった話しやすい環境を整えます。

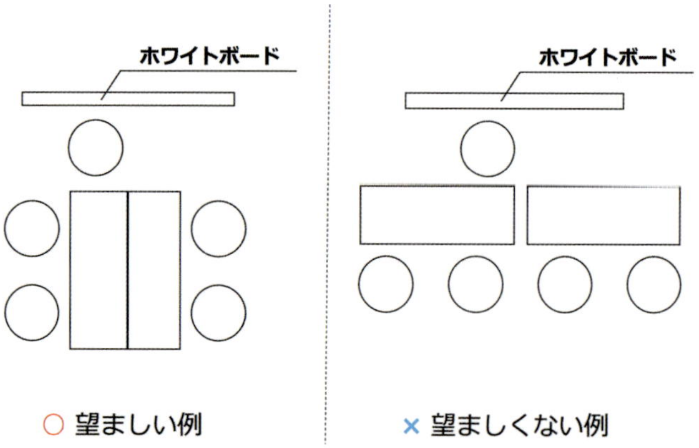

図4.3　会場設営のレイアウト例

実施手順

本書に示す会議手法やタイムスケジュールは、あくまで一例です。人数や時間等に応じて柔軟に会議を進行してください。

ア　導入説明（約5分）

目的、分析手順、タイムスケジュールおよび本会議のルールの共有等を説明します。

表4.1　会議ルールの一例

やってほしい行動	やってほしくない行動
・意見は簡潔に述べる。 ・人の話は最後まで聞く。 ・積極的に発言する。 ・お互いを尊重する。 ・発言は3S。 （Short短く、Simple簡潔に、 Straight直接的な表現で）	・人の意見を否定する。 ・発言しない。 ・長々としゃべる。 ・話を脱線させる。 ・質問に「わかりません」と回答。

イ　情報の共有（約10分）

開始前に、聞き取り調査等の結果をはじめ、事故概要を参加者全員に共有し、情報の統一を図ってください。

ウ　議論（要因分析）（約40分）

論点を整理しつつ、相手の意見を尊重しながら議論を進めます。

エ　ブレインストーミング（再発防止対策案の検討）（約20分）

□　まずは個人で考える（約5分）

導かれた要因を各自で整理し、これらの対策案について紙に書くなどして考えをまとめる時間を与えてください。

□　発想、発言、書きだす（約15分）

ブレインストーミングの4原則に沿って、自由な発言をします。

オ　取りまとめ（約15分）

意見を取りまとめるときは、全会一致が理想ですが、全員の意見が一致するということはあまりありません。そこで、取りまとめの一例として、投票制により絞り込む方法があります。これは単純な多数決ではなく、「再発防止対策は実行性と継続性の観点から“納得感”が重要な要素」とされるため、ファシリテーターは「少数派の意見の中にも良いアイデアが埋もれている可能性がある」と考え、参加者の意見を丁寧に集約する必要があります。

表4.2　投票数に応じた対応の一例

<table>
<tr><th>凡例</th><th>方針</th></tr>
<tr><td>4分の3以上の人が良いと思うアイデア</td><td rowspan="2">再発防止対策として採用を検討</td></tr>
<tr><td>2分の1以上の人が良いと思うアイデア</td></tr>
<tr><td>2分の1未満の人しか良いと思わないアイデア</td><td>良いアイデアが埋もれている可能性あり</td></tr>
<tr><td>良いと思う人がいないアイデア</td><td>不採用</td></tr>
</table>

ファシリテーターの留意点

会議がうまくいかない「四つのロス」として、次の4点があります。

①評価懸念：変なアイデアを発言したらバカにされないかという不安

②発言量の同調：他人の発言量を気にして発言を控える心理
会議当初の様子見の状態

③社会的手抜き：優秀な人に任せて自分はやらなくてもいいという心理

④発話のブロッキング：他人が発言している間は自分が発言できない状態、また、その間に思いついたアイデアを忘れないようにすることに集中してしまう状態

これらの解消のため、ファシリテーターとして、次の点に配慮してください。

ア　心理的に安全な場を演出する。

参加者が自由に発言できる雰囲気づくりは、ファシリテーターの重要な役割であり、次の点に配慮し、会議を進行すると良いとされます。

- □　**立って進行する。腕組みをしない。**
- □　**自分とは異なる意見も否定しない。**
- □　**参加者の発言に反応（リアクション）する。**

イ　参加者への問いかけ

□　**オープン質問**

相手の創造力を引き出すには、What（何）、Why（なぜ）等を使用したオープン質問が効果的とされます。

□　**場合によっては一人ずつ順番に聞く**

参加人数が多い場合など、「誰かが答えてくれるだろう」といった心理が働いてしまいます。場合により、一人ずつ順番に意見を聞くことも円滑な進行のテクニックです。この際、階級が下位の者、年齢、勤続年数が若い者から発言を促すなどの配慮も必要です。

□　**ファシリテーターの発言は控えめに**

議論、発言の主役は、参加者であるため、ファシリテーターは、発言の促し、議題の方向修正、取りまとめ等、会議の過程に注目し、話し合いの進行を後押しします。

ウ　会議時間は厳守

会議の開始、終了時間を守ることは、会議のマナーです。ファシリテーターは時間管理をしてください。特に終了時間には配慮してください。ファシリテーターによる時間管理が負担である場合は、時間管理者（タイムキーパー）を設定してください。

第5章

事故分析の手法（重大型）

1　根本原因分析

▶5.1.1　根本原因分析とは

根本原因分析とは、RCA(Root Cause Analysis)の日本語訳であり、1995年以降、医療関係者によりアメリカから日本へ導入され、現在では、日本の多くの業界で使用されています。根本原因分析(RCA)は特定の分析手法を指す用語ではなく、ヒューマンファクターを重視した複数の要因分析手法を組み合わせて、組織や業務環境等を含む事故の背後要因を追究するものとされています。

この定義については諸説ありますが、2007年に原子力保安院※により「直接原因分析を踏まえて、組織要因を分析し、マネジメントシステムを改善する処置をとること」と定義されています。

※参考
原子力安全・保安院並びに独立行政法人原子力安全基盤機構「事業者の根本原因分析実施内容を規制当局が評価するガイドライン」平成19年8月27日

▶5.1.2　根本原因分析で使用する分析手法

第2章で述べたように、本書では重大型の事故に対して、VTAおよびなぜなぜ分析を組み合わせた分析手法を採用しています。

これらの他にも数多くの分析手法が存在しますが、VTAおよびなぜなぜ分析を組み合わせた分析は、事故の発生経緯および背後要因を導き出すプロセスを論理的に整理することができ、比較的、容易に取り組める手法であることから多くの専門家から推奨されているためです。

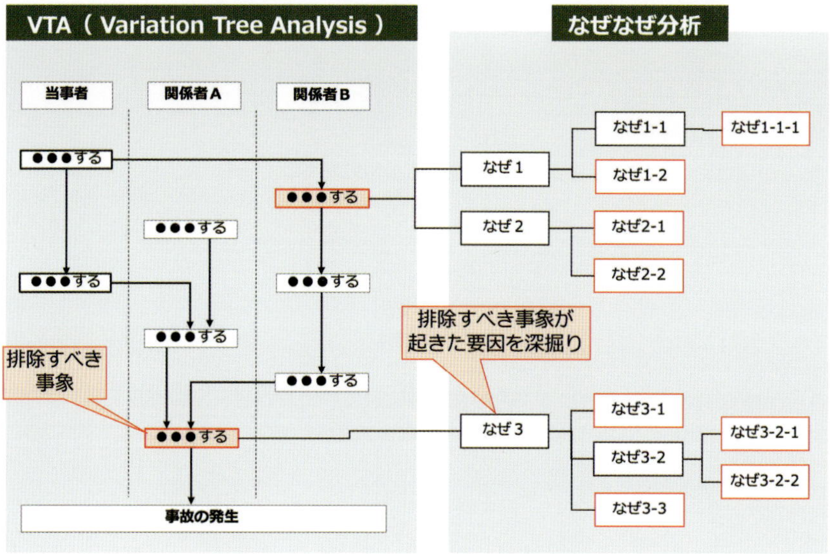

図5.1　VTAとなぜなぜ分析の関係

2　VTA（Variation Tree Analysis）
3)28)29)31)47)48)49)50)51)52)53)54)55)56)

VTAとは、認知科学分野で提案された事故分析手法であり、事象の連鎖の考えを根底に、事故の発生経緯を時系列的に記述することで、事故を再現し、全体像を可視化するものです。これにより事故の経緯と問題点の見える化を図ります。

つまりVTAは、事象の連鎖(ヒューマンエラーや不具合等が連鎖することで事故に至る経緯)を表現することで、事故発生の要点を絞り込むものともいえます。

しかし、事象の連鎖を表現するためには、事前に定められた作業手順や普段の正常な状態から、“逸脱したと考えられる行動、判断、状態等”(以下、「逸脱行動※」という。)を見極め、これらを中心に記載し構成していく必要があります。この場合、人間の情報処理過程が抜け落ちてしまうおそれがあり、VTAにおいては、コミュニケーションの流れ(状況認識の齟齬等)を詳細に記述することが困難であるともいわれています。

※ 逸脱行動
一般的に、変動要因または逸脱ノードと呼称されますが、通常作業や正常な状態から逸脱した行動、判断等の意味の理解を促すため、本書においては「逸脱行動」と称することとします。

このような分析上の欠点から、交通、航空分野では、コミュニケーションエラーの発生経緯を詳細に把握するため、当事者等の行動のみならず、認知、判断等も記載対象とし、一部改良を加えて使用しています。

表5.1　VTAの特徴

利点	欠点
・事故の全体像を可視化でき、再現できる ・災害発生の経緯と問題点が一目でわかる ・作成方法の自由度が高く、分野の特徴に合わせて改訂が可能である ・安全教育の教材として活用できる ・チーム作業や機器操作などの複数の登場人物等が関係する事故の把握に適している	・作成には当事者等の口述に頼ることが多い ・定性的な分析を前提とし、定量化を視野に入れていない ・分析者の知識・経験により逸脱行動の特定にばらつきがでる ・逸脱行動を中心とした記述ではコミュニケーションの流れを詳細に記述することが困難である ・事故分析の専門家でない者が実施するには複雑である ・比較的短い時間の間に発生した事故の分析は困難である

▶5.2.1　ＶＴＡの描き方

ＶＴＡ(Variation Tree Analysis)の描き方は、ＦＴＡ(Fault Tree Analysis)の考え方を基本としています。

ＦＴＡは、解析対象とする望ましくない事象(以下、「頂上事象」という。)を頂点に、頂上事象の発生に寄与する原因事象を、機器故障、試験、保守、ヒューマンエラーを考慮しながら過去に遡ってたどるものです。(図5.2)

ＶＴＡおよびＦＴＡに共通する“ＴＡ(Tree Analysis)”は、“樹状分析”と直訳できるように、一般的には、事故を一番上に置き、これを頂上事象と呼び、頂上事象(樹)から過去(根)に向けて遡って分析を行うことで、多様な要因を洗い出していきます。つまり、表記上、時間経過は下から上へ向かって表されます。(図5.3)

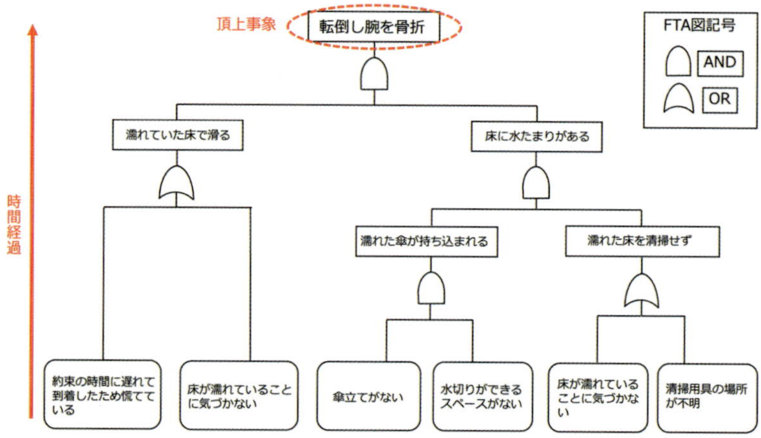

図5.2　ＦＴＡの作成イメージ[60]

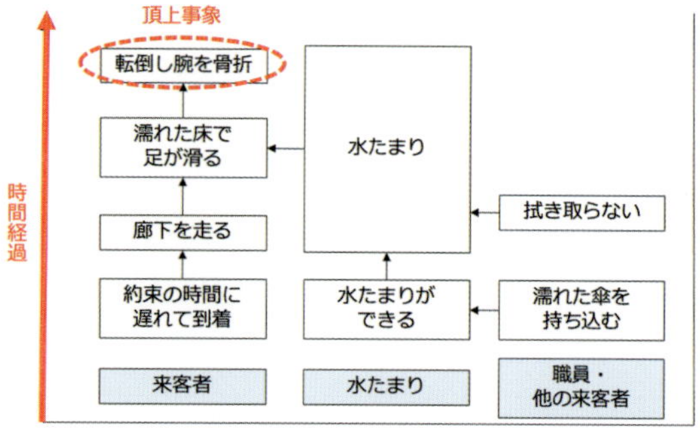

図5.3　一般的なＶＴＡの作成イメージ

しかし、VTAは、一定の作成ルールは守られつつも、作成方法の自由度が高く、各業界分野の特徴に合わせ使用することのできる分析手法です。そのため、本書では、会議等での説明のしやすさ、見やすさ等を踏まえて、表記上、時間経過は上から下へ向かって表すこととします。ただし、表記上は上下が反転しても、図5.4のように、分析は事故があったときから過去に遡って行います。これは、「頂上事象(樹)から過去(根)に向けて遡って分析を行うことで、多様な要因を洗い出す」という樹状分析の原則のとおり、真に根本となる要因を見落とさないためです。分析は過去に遡って行うことを基本としてください。

なお、分析に行き詰まった時や、論理の飛躍がないか考えるときには時系列どおりに考えてみる等、上記の点に留意しつつ、一つのやり方に固執せず柔軟に考えることも必要です。

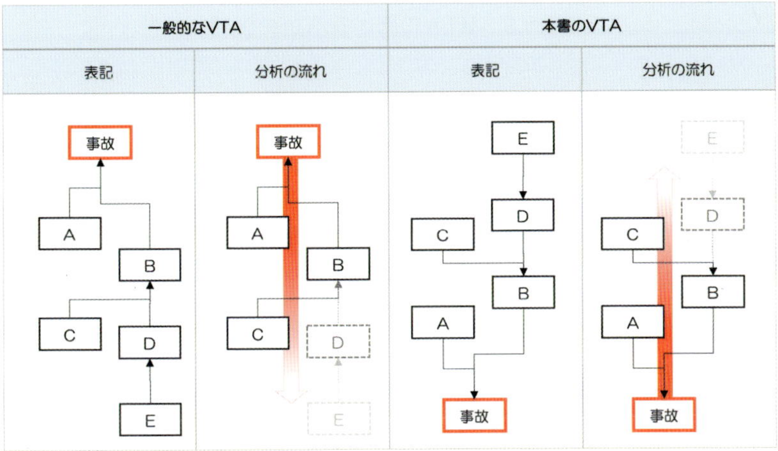

図5.4　VTAの表記と分析の流れ

▶5.2.2　VTAの手順

VTAは、図5.5の流れに沿って実施することを基本とし、図5.6に示すような資料の作成を通して、事故の直接的または間接的な要因を導き出します。

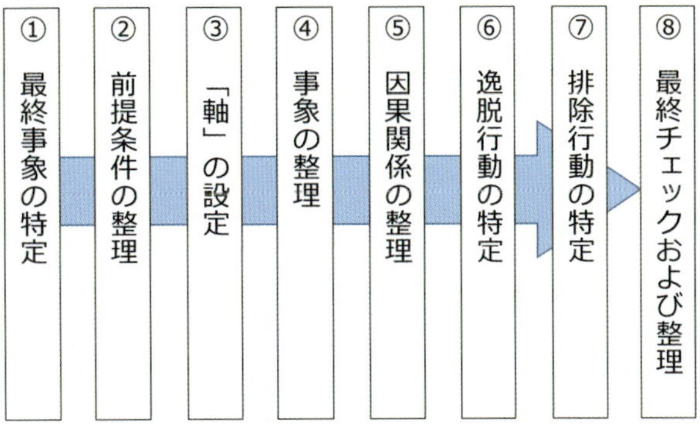

図5.5　VTAの手順

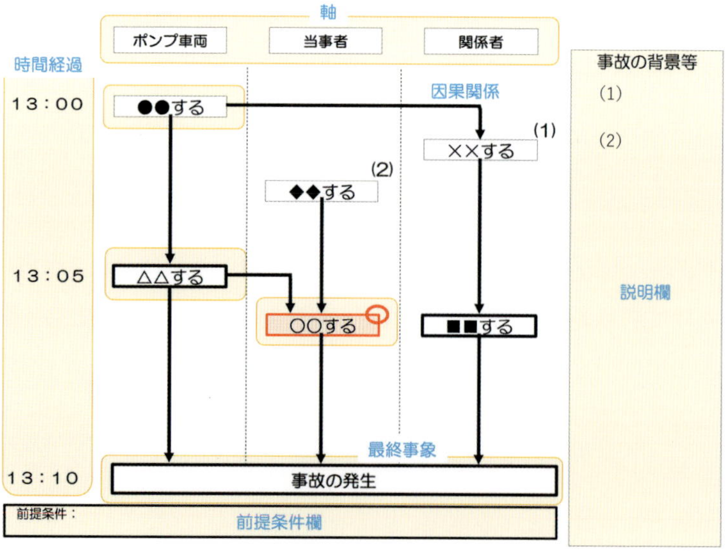

図5.6　本書におけるVTAの作成イメージ

表5.2　VTAに関する用語の説明

用語	説明
最終事象※	事故の一連の流れの中で「最終的に再発を防ぎたい事象」
前提条件欄	事故現場の環境、天候等の当該事故に関する条件等を記載する。
軸	事故に関係した人物、車両や資器材など（以下、「登場人物等」という）
時間経過	各事象が発生した時間経過を上から下に向かい記す。
逸脱行動	事前に定められた作業手順や普段の正常状態から逸脱したと考えられる行動、判断、状態等のこと。 一般的に、変動要因または逸脱ノードと呼称されるが、通常作業や正常な状態から逸脱した「行動、判断等」の意味の理解を促すため、本書においては「逸脱行動」と称する。 黒枠の太線で図示することとする。
正常行動	普段どおりに行われた、問題のない行動、判断、状態等のこと。 一般的に、通常ノードまたは正常ノードと呼称されるが、逸脱行動と同様の理由から、本書では、「正常行動」と称する。 黒枠の細線で図示することとする。
排除行動	逸脱行動のうち、事故の直接的または間接的な要因とされる行動、判断等で、これを取り除くことで、事故を防ぐことができるとされるもの。 一般的に、排除ノードと呼称されるが、逸脱行動と同様の理由から、本書では「排除行動」と称する。 赤枠の太線で図示し、右上に赤丸を付すこととする。
因果関係	各事象間を矢印で結ぶ。この際、「○○だから」または「○○した結果」等で意味が通じるよう因果関係が成立することに留意する。
説明欄	ツリー内の各事象では説明しきれない背景等について記載する。

※ 一般的に頂上事象と呼称されますが、最終的に再発を防ぎたい事象という意味の理解を促すため、本書においては「最終事象」と称することとします。

▶5.2.3　VTAの具体的な実施手順

最終事象の特定

まず分析対象とする事故において「最終的に再発を防ぎたい事象」(以下、「最終事象」という。)を特定します。最終事象は、当該事案において最終的に発生した逸脱行動とすることを基本とします。

最終事象は、実際に事故に至ったものだけでなく、「もしかしたら事故になっていたかもしれない。」などというインシデントが該当する場合もあります。事故等に至らなかった場合でも、再び同じ状況になった際に、事故に発展するおそれがあるかどうかという観点から、最終事象を特定します。

前提条件の整理

時系列に沿った各事象の記載だけでは説明しきれない、事故の発生に影響を及ぼしたと考えられる事故現場の状況を前提条件として、前提条件欄に記載します。

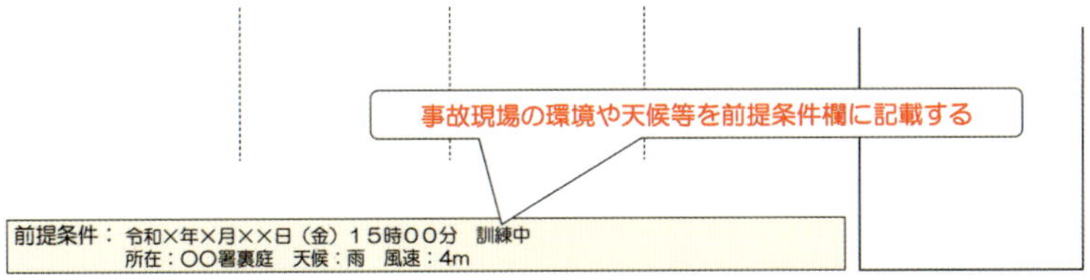

図5.7　前提条件欄の記載イメージ

「軸」の設定

登場人物等を「軸」として設定します。

「軸」を設定する上でのポイントは次のとおりです。

ア　登場人物等の逸脱行動の有無により判断

「軸」として設定する登場人物等は、最終的に事故を起こした当事者のみならず、事故発生に関わったとされる登場人物等を対象とします。

この際、ＶＴＡは事象の連鎖の考えを根底とすることから、逸脱行動を有する可能性の有無を一つの判断要素として、該否を検討します。

しかし、軸に設定した人物等に逸脱行動がなかった場合であっても、事故の発生経緯を把握する上で必要な場合には、そのまま軸として

ＶＴＡ上に残します。

イ　迷ったら一旦は軸として設定

軸として設定すべきかの判断に迷った場合には、一旦設定した後、最終的に事故の発生に無関係と判断された場合には、削除します。

ウ　「人」に限ることなく、車両、資器材等のハード面の軸も設ける

事故の多くは何かしらのハードが関連しており、ハードの軸を設けることで人とハードの適合（マンマシンインターフェイス）の問題にも着手することができます。

エ　関係性の強い軸同士は、できるだけ近くに並べる

軸を設定する際、ＶＴＡの複雑さを解消するため、関係性の強い軸同士をできるだけ近くに並べます。

また、チームの構成メンバー個人に逸脱行動やコミュニケーションエラー等がない場合には、まとめて一つの軸とすることも可能です。（例：ポンプ小隊長、1番員、2番員、ポンプ機関員の四つの軸を、ポンプ小隊としてまとめる等）

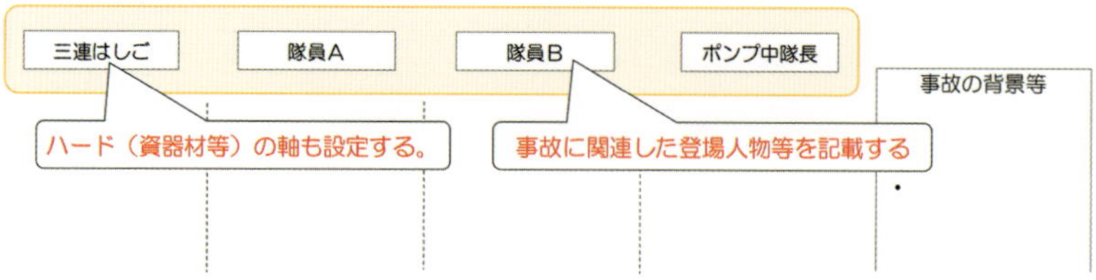

図5.8　「軸」の設定イメージ

事象の整理

ＶＴＡは、逸脱行動が連鎖したことで、最終的に事故に結びついた過程（事象の連鎖）を表現することで事故を見える化するものです。一般的には、逸脱行動を列挙することから分析を開始し、時系列と因果関係を整理する手順で分析を進めます。

しかし、逸脱行動の列挙から分析を開始するには、聞き取り調査等を抜け漏れなく実施し、全ての情報が既知であることが前提です。これら

が不十分な場合、逸脱行動自体の抜け漏れを招くおそれがあります。

このことから、本書では、正常行動も含めた全ての事象を整理することから始め、その後、逸脱行動を特定するといった段階的な手順を踏むことにより、不足情報の洗い出しや、逸脱行動をはじめとした各事象の抜け漏れ防止を図ります。

事象を整理する上でのポイントは次のとおりです。

ア　簡潔な記載を心掛ける

ＶＴＡは、事実を整理し、事故を見える化するためのものです。一つ一つの事象を詳細に説明しようとするあまり、理解しづらくなるのでは本末転倒です。事実のみを列挙し、簡潔な記載を心掛けてください。

イ　一つの事象の中に因果関係のある複数の事象を含めない

「～～の後、●●し、○○する」等、一つの事象の中に複数の事象を含めると、因果関係の整理が複雑になり、逸脱行動が不明確になってしまいます。複数の事象を一つにまとめることでＶＴＡが支障なく簡素化する等の理由がある場合を除き、原則として、一つの事象の中には一つの事象のみを記載するようにしてください。

ウ　文末は現在形または体言止めとする

ＶＴＡは事象の連鎖を表現するものであることから、「～～する」、「○○せず」、「●●（体言止め）」等、文末は現在形または体言止めとしてください。

「～～した」、「○○しなかった」等、過去形で表現すると、当事者等への責任追及のような印象を与えるおそれもあります。

エ　軸として設定した登場人物等が「主語」または「主体」となるような表現とする

軸として設定した登場人物等を主語または主体として、事故の経緯を構成する一連の行動、判断、状態等を、因果関係を考慮しつつ、時系列に並べ整理します。

オ　未確定情報は、一旦は表記し、追加の聞き取り調査等により事後明らかにする

分析前に全ての情報をくまなく聞き取り、把握することは難しく、分析を進める上で不明な箇所が出てくることも想定されます。この場合には、未確定情報も一旦表記し、追加の聞き取り調査を実施することとします。

カ　事象の枠内に記載しきれない事項は、右側に設ける説明欄を活用し、補足する

事象の枠内に記載しきれない事項は、資料の右側の説明欄に、事故の背景等という形で補足説明をします。

因果関係の整理

記載した各事象間を矢印で結びます。

前後の事象が、「○○**したから**△△」、「○○**だから**△△」または「○○**した結果、**△△」といったように因果関係が成立するよう整理します。

このほか、因果関係でなくても、マニュアル等に定められたまたは慣例的な手順の場合も矢印で結ぶことが可能です。(例:○○したので△△)

この際、時間的な推移と因果関係を混同させず、因果関係が認められた事象のみ矢印で結ぶことに留意します。(図5.9)

因果関係を整理する上でのポイントは次のとおりです。

ア　因果関係がある事象間のみ矢印で結ぶ

「○○」にも関わらず「△△であった」、「○○した」が「△△しなかった」といった場合、因果関係が成立していないと判断されます。(図5.10)

この場合は、次の対応により論理性を確保するよう検討します。

・事象の文言や表現を修正する
・他の複数の事象との因果を見出す
・「○○**にも関わらず**△△」、「○○**したが**△△」というように一つの事象としてまとめる(図5.11)

イ　マニュアルに定められた手順等は矢印で結んでもよい

因果関係でなくても、マニュアル等に定められたまたは慣例的な

手順の場合も矢印で結ぶことが可能です。(例:○○したので△△)

ウ　必ず全ての事象を因果関係(矢印)で結ぶ

因果関係がない(どこの事象とも矢印で結ばれない)事象は、事故の発生経緯に関係がないと判断されるため削除します。ただし、当該事象が事故の経緯に直接的に関係がなくとも(矢印で結ばれなくとも)、背後要因を導くにあたり記載の必要があると判断する場合には、

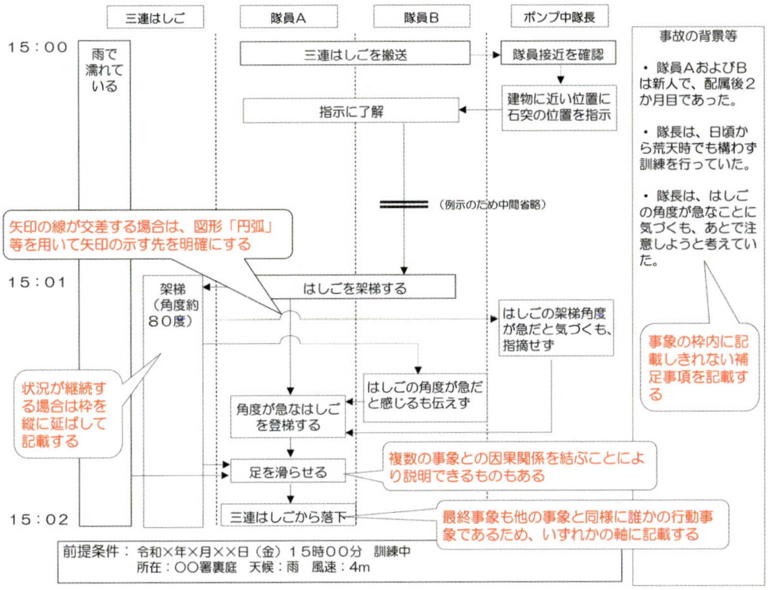

図5.9　事象の整理等のイメージ

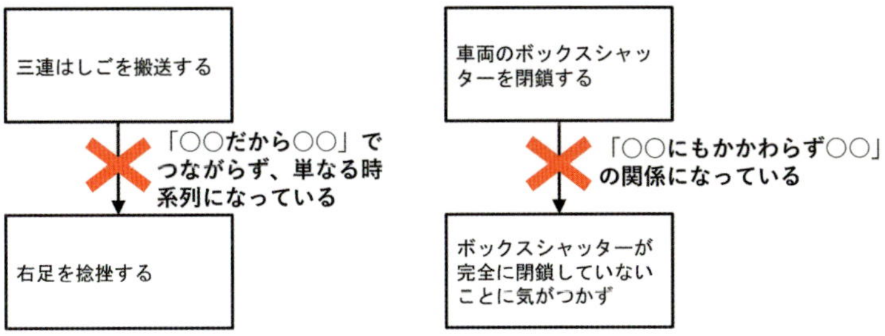

図5.10　因果関係整理でよくある間違い

眠気を感じるも、停車せず
危険に気づくも声かけをせず

図5.11　逆説でつながる事象を一つにまとめた例

当該事象を前提条件欄または説明欄に記載した上で事象から削除します。

また、事案概要を対外的に説明する上で必要と判断する場合には、削除せず残すことも検討します。

エ　推定による矢印は結ばない

分析者は事故の結末を全て把握した状態であるため、後知恵バイアスにかかり、結果論的な考えに陥りやすく、「〇〇しなかったから、△△しなかったの**かもしれない**」、「〇〇したから、**もしかすると**△△しなかった」といった思考に陥りやすい傾向があります。このため、推定による因果関係の整理をしないよう留意します。

逸脱行動の特定

時系列に沿って整理した各事象の中から逸脱行動を特定します。**逸脱行動は、枠線を黒色の太線**とし、正常行動と区別し、表記します。

逸脱行動を特定する上でのポイントは次のとおりです。

ア　既存ルール等の十分な整理と把握

逸脱行動は、既存ルールや正常な状態、状況等から逸脱したとされる行動、判断、状態等をいいます。逸脱行動の特定は、分析者の業務経験等のメンタルモデルに左右される傾向にあり、安定しないことが想定されます。

このため、事前に既存ルール等を分析者全員が十分に把握しておくことが必要です。

イ　複数人での議論により特定する

事象によっては、逸脱行動と正常行動の境界が曖昧であり、分析者によって判断が分かれる場合があります。

このため、単独での分析は、分析者個人の主観や先入観の影響を受けるおそれがあり、これを避けるためにも、複数人で議論の上特定することとします。

ウ　結果論的に推測を加えることはしない

分析者は、当事者等とは異なり、事案の顛末と詳細な経緯を知る状況にあります。このため、結果論で事故原因を捉えてしまう傾向にあります。

また、「○○していたならば、防げたであろう」という推測を交えた逸脱行動の特定は、事実のみの整理というＶＴＡの本質から外れる分析であるとともに、事故原因を的確に捉えられないおそれもあるため、避けます。

エ　曖昧な逸脱行動に対する考え方

当事者等が一生懸命に活動等に従事した結果、起こしてしまったヒューマンエラー等を“逸脱行動”とすることは心苦しいものです。

単に既存のルール、慣例的な手順等に逸脱した行動であれば、判断しやすいものですが、逸脱であるか否かがとても曖昧で判断が困難な場合もあります。このような場合、**イ**および**ウ**のとおり、複数人による議論や結果論的な思考を排除し検討することは大前提とし、次のような判断プロセスを踏むこととします。

POINT

エラーを起こした当事者等と同程度の業務経験を有する職員の多くが、当事者等と同じような状況下において同じような行動等をするのであれば、“逸脱ではない”。ただし、その行動等が「当該事故を発生させないために、“適切な行動等”であるか否か」という視点において適切な行動等から逸脱していると判断する場合、“逸脱行動とする”。

このような判断が求められる行動等は、ルール等にも何ら取り決められていないことが想定されます。このため、ルール違反でもない行動等を逸脱行動に特定してしまうことは、当事者等から“正義・公正の文化に反する行為”とも捉えられかねません。

当事者等への配慮と分析者としての慎重な判断が求められる一方で、事故の再発を防ぎ、安全文化を醸成するためには、慣例的に行われる行動等を見直し、価値判断基準の変容を強いることが求められることも考えなければなりません。

オ　災害活動時の手順は、正常行動として捉える

災害活動は、それ自体が平穏からの逸脱（異常事態）ですが、消防業務としては当然の状況といえます。

また、災害現場では、既定のルール等にはない臨機応変な対応が求められることも多く、正常行動と逸脱行動の区分が困難なケースも想定されます。

このような場合には、当時の状況を整理の上、当事者等の立場になり、取るべき行動として適切であったかどうかという視点で判断します。

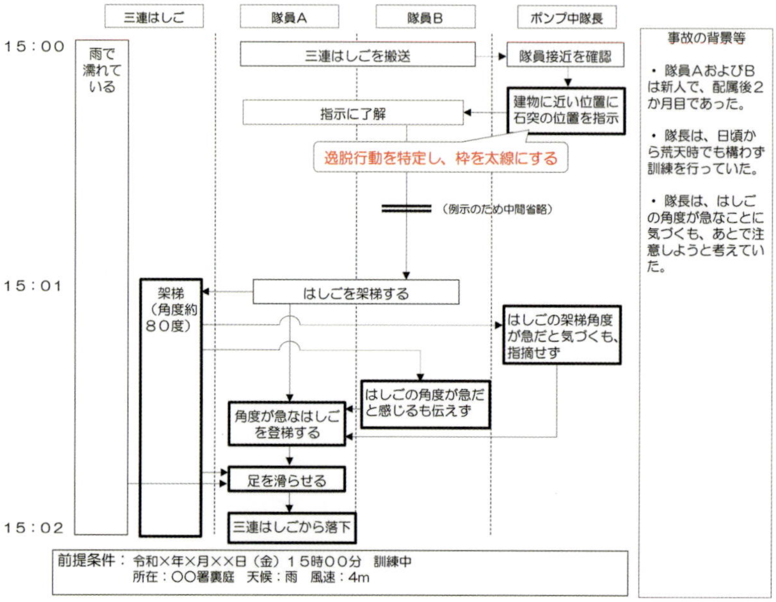

図5.12　逸脱行動の特定の一例

排除行動の特定

排除行動とは、逸脱行動のうち、事故の直接的または間接的な要因とされる行動等であり、次の二つの視点から特定します。

①その行動等を排除することで事故の発生を防ぐことができるか

②その行動等を安全対策によって取り除くことが可能か

また、多くの場合、一つの事案における排除行動は一つではなく、複数の排除行動が特定されます。

なお、排除行動は枠線を**赤色の太線とし、右上に赤丸**を付すこととします。

排除行動を特定する上でのポイントは次のとおりです。

ア　できる限り因果関係の根本を排除する

“因果関係の根本にある逸脱行動が発生すると、その先の逸脱行動が確実に起こってしまう”という場合には、根本にある逸脱行動を排除しなければ、その先の逸脱行動は排除できないため、根本にある逸脱行動を排除行動に特定します。

しかし、そもそもここでいう“根本にある逸脱行動”を排除できるかという視点も重要です。それ以前の逸脱行動が全て発生したとしても、排除できるかどうかで、排除行動への特定を判断します。

イ　逸脱行動の全てが、排除すべき対象か？

ＶＴＡで導き出した逸脱行動は、すべてが望ましくないものといえます。しかし、**ア**のとおり、その根本の逸脱行動が発生したならば、不可避(排除できない)という場合には、排除行動に特定できません。

できる限り多くの排除行動を特定することで、幅広い背後要因を導くことができますが、取り除くことが困難な排除行動に対して、背後要因を究明することは困難です。

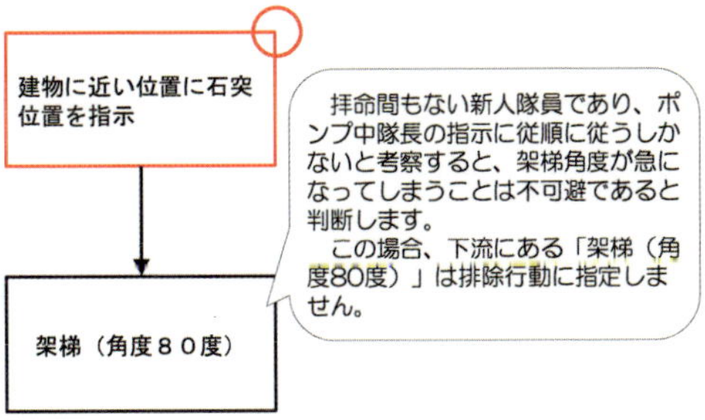

図5.13　排除行動の特定の一例

ウ　最初の逸脱行動を排除すれば解決か？

イのとおり、最初の逸脱行動が発生したならば、その後の逸脱行動は不可避という場合であれば、最初の逸脱行動のみを排除行動として特定することで、解決になるかもしれません。

しかし、根本にある逸脱行動が発生したとしても、その先の逸脱行動が排除可能であり、これを排除することで、事故を防げる場合もあります。

この場合には、根本にある逸脱行動とその先の逸脱行動の両方を排除行動とすることが望ましいとされます。

とはいえ、以降のなぜなぜ分析において因果関係を遡ることとなりますので、必然的に根本にある逸脱行動も問題指摘されることとなります。

このため、事故分析全体の作業負担も考慮し、排除行動を絞り込んで特定することも検討してください。

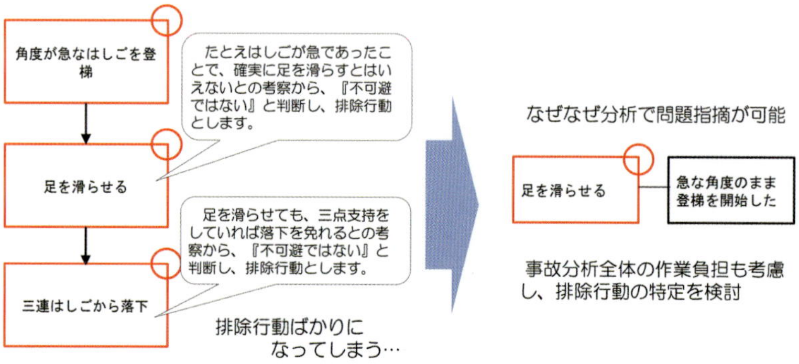

図5.14　排除行動の絞り込みの一例

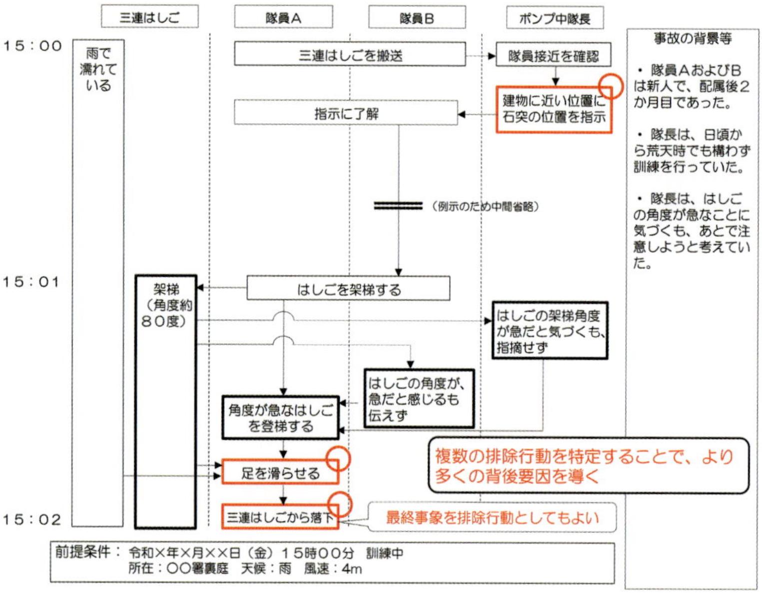

図5.15　排除行動の特定の一例

最終チェックおよび整理

最終的に作成したＶＴＡについては、**章末のＶＴＡチェックリスト**（112ページ）により、最終確認を行います。

これに併せて、ＶＴＡの複雑化を避けるため、必要により事象の連鎖を表現するにあたり不要と判断される正常行動を削除または統合することで、ＶＴＡの簡素化を図ります。また、最終事象に矢印がつながらない正常行動は、事故発生とは無関係の事象とされますが、事故の経過を説明する上で必要な場合には記載することも考慮します。

3　なぜなぜ分析[2,3,4,25,29,31,45,49,55,57,58,59,60]

なぜなぜ分析は、品質管理における要因分析手法の一つで、問題事象に対して、これが発生したと考えられる要因を、「なぜ」という段階的追究を繰り返すことで究明し、再発防止対策を検討するための課題の具体化を目的としたものです。いかなる原因究明も、本質は「なぜ」の繰り返しであることから、言語による分析の基本的手法といわれ、国内外の様々な業界で広く活用されています。

POINT

なぜなぜ分析では、ＶＴＡで特定した排除行動に対して、「なぜ」という問いかけを繰り返すことで、排除行動が発生した背後要因を導きます。

ＶＴＡに引き続き、複数人により実施し、当事者等を責めるような気持ちは一切排除することが重要です。「なぜそんなことをしたのか(人への責任追及)」ではなく、「なぜそうなってしまったのか(出来事の原因追究)」といった視点から分析を行います。

なぜなぜ分析を実施する上では、物事に対する緻密な見方とともに、問題の論点を明確に絞るため、的確な言葉遣いや表現に徹底してこだわることがとても重要です。

このほか、「なぜ」の繰り返しにおける論理性の確保に細心の注意を払わなければなりません。このため、軽い気持ちで「なぜ」を考えるだけでは、背後要因を導き出すことは困難とされています。

また、分析に当たっては、中立的(または主観的、属人的でない)な立場において、事実情報を基に、素直にありのまま(周囲からの評価を気にしてごまかさない)、そして、既存のルールや慣習的に実施されることを疑い、考察することも大切です。

POINT

そして、事故は、多くの要因が複雑に絡み合い、相互に作用した結果、発生するという考えから、**図5.16**のとおり、**一つの事象に対する「なぜ」は一つとは限らず、複数の「なぜ」が存在します。抜け漏れなく、「なぜ」を導くため、多角的な視点から検討を重ねるとともに、推定(考察)も含**

めた、可能性のある問題を全て洗い出していきます。

なお、このような推定(考察)も含めた分析においては、事実と推定(考察)が混在し、結果の信頼性を損なうおそれが生じることから、**聞き取り調査等に基づく事実と推定(考察)を容易に見分けられるよう、「なぜ」を色分けしたり破線で示す等の工夫も有用です。** POINT

表5.3　なぜなぜ分析の特徴

利点	欠点
・様々な要因の絡み合いを表現できる ・多角的なものの見方を身につけられ、問題解決力を鍛えられる ・特別な技法や分析知識を必要とせず、手軽に活用できる ・背後要因を規則的に、順序よく、漏れなく抽出できる ・直接原因から背後要因を導く過程を論理的に説明できる	・ヒューマンファクターの概念を理解している必要がある ・軽い気持ちでの検討では原因を洗い出せない ・分析者の視点、興味、知識、経験等の影響を強く受けるため分析結果が安定しない

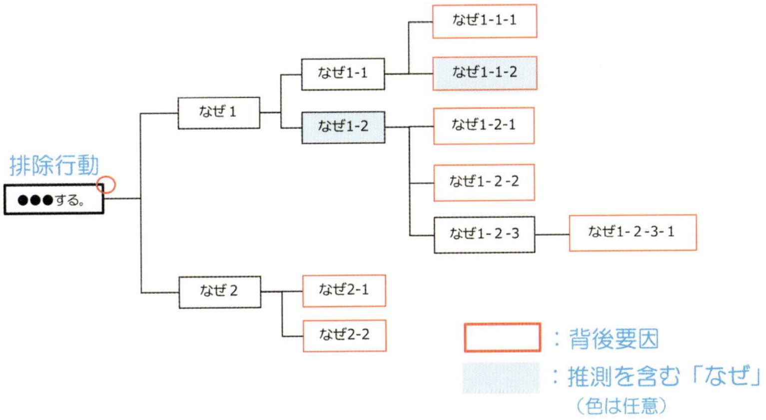

図5.16　なぜなぜ分析のイメージ

▶5.3.1　深掘り「なぜ」のコツ

m-SHELLモデル(1.1.1参照)から探る

POINT

要因を深掘りする際は、漠然と検討するのではなく、**m-SHELLモデルの視点(表5.4)で検討することで、抜け漏れなく背後要因を探ることができます。**

表5.4　m-SHELLモデルの視点

要素	例(事故の要因)
m(management) 組織、管理等	・教育や訓練の内容または体制に不備・不足がある ・人員や時間が足りない ・上司からの指示がない、曖昧である ・職場の雰囲気や安全文化の状態 ・安全対策への取組状況 ・現場からの意見の反映や定期的なルール見直しの状況
S(Software) 既定の手順、統一事項等	・基準、ルール、手順、マニュアル、規程等において定められていない。不備・不足がある
H(Hardware) 資器材、設備等	・資器材や設備の仕様や設計の不備、数量の不足がある
E(Environment) 場所、職場の環境等	・作業場所の悪条件(狭い、暗い、うるさい等)
L(Liveware) 当事者	・知識、技術の不足 ・身体的な不具合(眠気、疲労、体調不良等) ・不安全行動(手抜き、不注意、単独行動、独断、保護具の未着装等) ・不適正なコミュニケーション、チームワーク
LL(Liveware) 当事者以外の事故の関係者	

状況認識モデル(1.1.2参照)から探る

排除行動として表面化した行動が、「なぜ」起こってしまったのかを考える際、エンズレーの状況認識モデルを用いて、人間の行動を分解すると、抜け漏れのない詳細な分析結果が導かれることが期待されます。

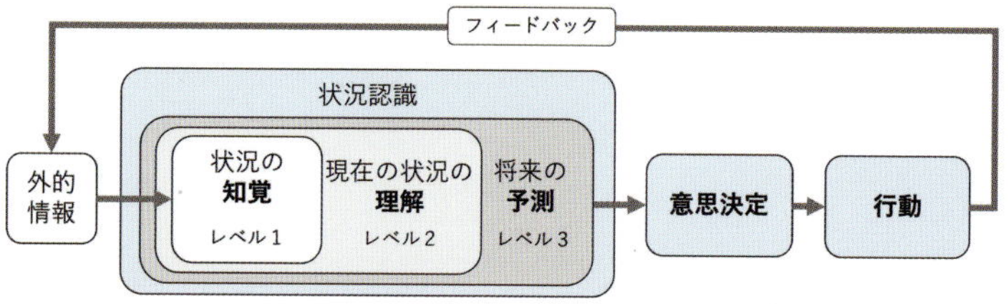

図5.17　エンズレーの状況認識モデル

(Endsley,M.R.「Toward a Theory of Situation Awareness in Dynamic Systems」Human Factors The Journal of the Human Factors and Ergonomics Society, 37(1),pp.32-64:1995に基づき著者作成)

レベル1：	現在の自分を取り巻く状況を知覚する。
レベル2：	知覚した情報がどのような意味を持つのか理解する。
レベル3：	状況が将来、どのように展開するかを予測する。
意思決定：	予測された将来状況に対して、どのように行動するか決める。
行　　動：	決められた行動を実行する。

人間の行動メカニズム(1.1.3参照)から探る

人間は、自身の判断が「間違っている」とは思っておらず、「正しい」と思い行動しています。一方で、リスクを認識しつつもあえて「正しくない」行動をすることもあります。**「なぜこのような判断をしてしまったのか？」という問いかけから、「なぜこのような判断が正しいと思ってしまったのか？」、「なぜこのような判断をせざるを得なかったのか？」という問いかけにすることで、新たな視点が生まれます。**

POINT

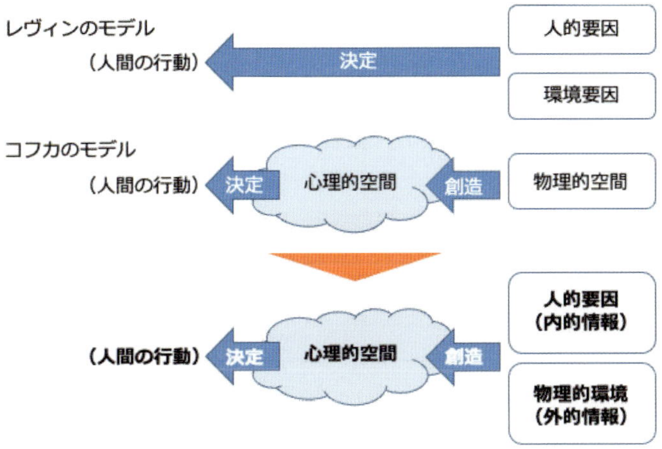

図5.18　人間の行動メカニズム

「なぜ」を言い換えて新たな発想を促す

「なぜ」を繰り返しても、説得力や納得感のある答えに行き当たらず、袋小路に入るような状況になることはよくあります。このような場合には**「なぜ」という問いから、「どうなっていたらこれが防げたか？」という問いに切り替えることで、深掘りが進展する可能性があります。**

POINT

また、**対策から逆引きで、「なぜ」を考えることも有効です。**しかし、このためにはヒューマンファクターの理解、特にヒューマンエラー対策の幅広い知見が必要です。加えて、ヒューマンファクターの知識がなければ、事故の問題点を問題点として認識できないおそれもあります。

第1章「**事故防止のためのヒューマンファクターの理解**」では、科学的に証明された対策や他業界で広く起用される対策等、幅広いヒューマンエラー対策について取りまとめているため、参考としてください。

▶5.3.2　「なぜ」深掘りのルール

段階的な論理展開を意識する

「なぜ」の論理展開に飛躍があると、省略された背後要因から本来枝分かれするはずであった背後要因が発見されずに分析が進んでしまい、背後要因の抜け漏れを招くおそれがあります。この場合、分析過程を論理的に説明できず、分析結果の信頼性を欠くことにもなります。

POINT

論理展開の飛躍を防ぐため、「なぜ」を逆からたどり、「○○だから△△」といった論理が成立することを随時、確認します。

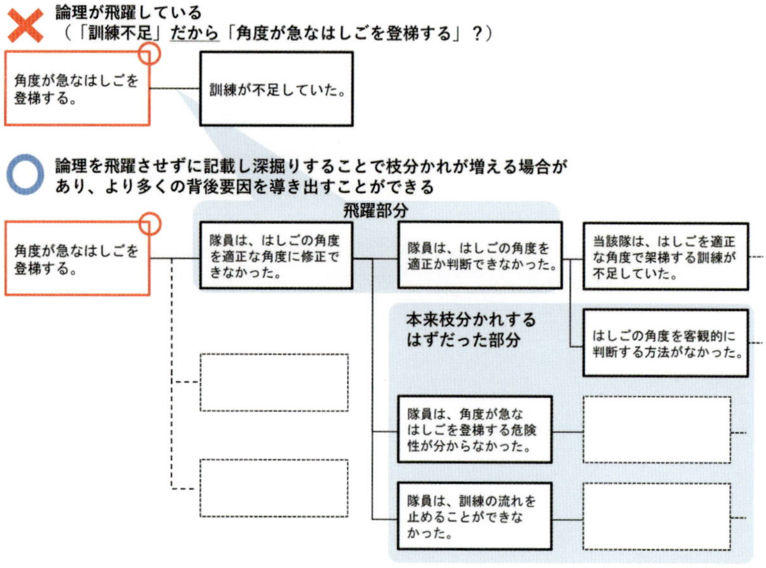

図5.19　段階的な論理展開の例

具体的な背後要因につながるまで深掘りする

「なぜ」の深掘りが不足していると、導かれる背後要因も表面的なものとなってしまうおそれがあります。一般的になぜなぜ分析の「なぜ」は5回程度繰り返すべきといわれていますが、**回数にこだわることなく、具体的な背後要因にたどり着くまで深掘りすることを心掛けてください。ただし、回数に固執することで、同じことの言い換えや繰り返しになり、本質をついた分析にならないおそれがあります。最終的な背後要因にたどり着いたならば、もう一度排除行動から背後要因までの論理展開を確認し、取り除いても論理がつながるような「なぜ」があれば削除します。**

POINT

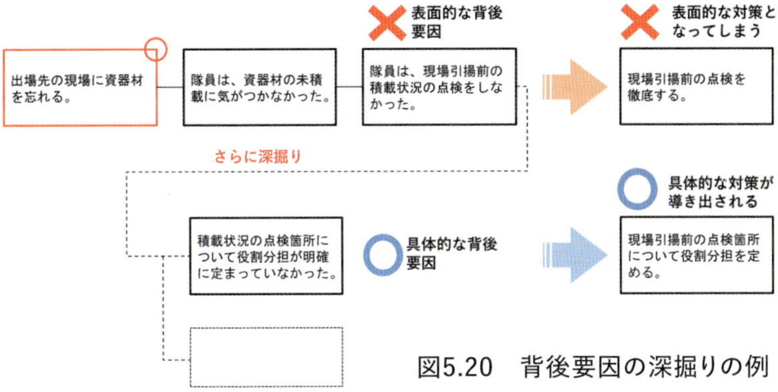

図5.20　背後要因の深掘りの例

個人の問題を最終的な背後要因としない

最終的に導く背後要因は、当事者等の個人を主語または主体とする問題にならないようにします。事故分析の目的は、ヒューマンエラーに潜む組織的な要因を導くことにあるため、最終的に組織等が主語または主体となる背後要因を導き出すことに留意してください。

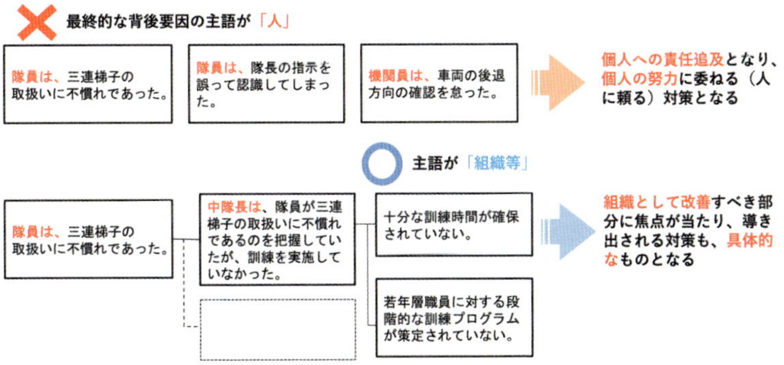

図5.21　背後要因の主語に関する例

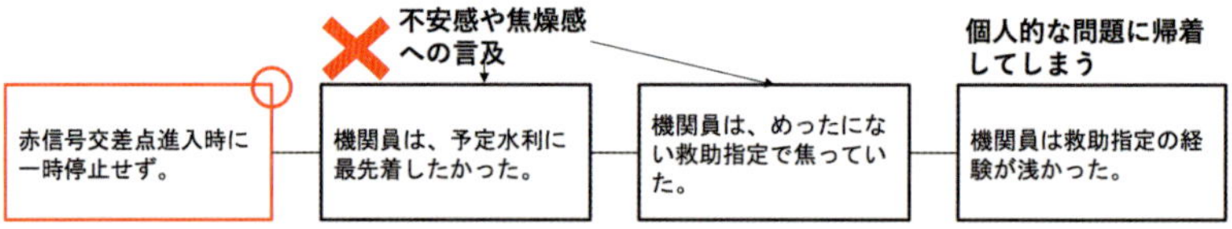

図5.22　不安感や焦燥感への言及に関する例

推定も含めて「なぜ」を考える

聞き取り調査等からの事実情報だけでは、真の背後要因の究明には至りにくく、類似事故にも手を広げた対策が導かれにくいとされます。このため、なぜなぜ分析では、推定される要因(かもしれない)も含めて可能性のある全ての課題を洗い出します。

しかし、推定ありきの分析であるからといって、聞き取り調査等による事実情報の収集を疎かにしてよいということではありません。事故の全てを明らかにすることは困難ではありますが、できる限りの事実を明らかにするよう努めなければなりません。情報の不足がある場合には、随時、追加調査の実施を検討してください。

POINT

また、**事故分析における推定とは、事実情報に基づく“確からしい”推定に限るものです。事実情報の不足等を理由に、要因や出来事を連想ゲームのように当てずっぽうに出すものではありません。**事実情報を基に、確からしさを究明することで、説得力や納得感のある分析結果を導くことができるものと考えます。

加えて、推定部分が事実情報や現場の実態に則していない場合には、再発防止対策が的外れになるおそれもあるので、注意が必要です。

背後要因のワンパターン化に留意する

POINT

「知識不足」、「急いでいた」、「思い込んでいた」、「コミュニケーションが不足していた」、「忙しかった」等は頻出する背後要因用語といわれています。このため、より問題を具体化することが必要とされるため、さらなる深掘りを要します。

具体的な文章を心掛ける

問題の論点を明確にし、本質的な背後要因を導き出すため、主語、述語および目的語を漏れなく具体的に記載することが必要です。

複数の要素をまとめて書かない

一方で、**具体的に記載する余り、一つの「なぜ」に複数の要素（主語が複数、目的語が複数等）が記載されないよう注意しなければなりません。** POINT

複数の要素にはそれぞれ異なる背後要因が存在する可能性があるとともに、問題の論点が不明確となってしまいます。このため、要素ごとに別々の「なぜ」として、分けて記載します。

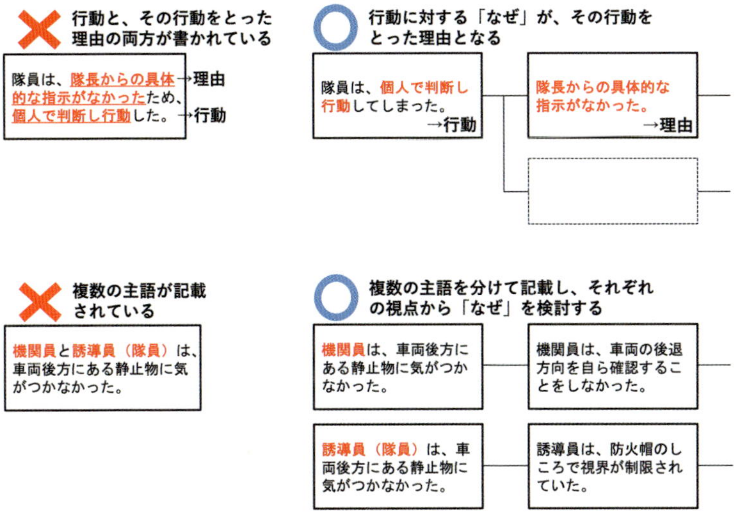

図5.23 「なぜ」の記載の例

問題のあることだけを記載する

なぜなぜ分析は、「問題の背後には、別の問題が存在し、これが問題を引き起こした」ということを連想することで、背後要因を洗い出す定性的な分析手法です。

このため、「なぜ」に記載する事象は、“問題や課題として判断される事象”、“改善の必要があると考えられる事象”を記載してください。

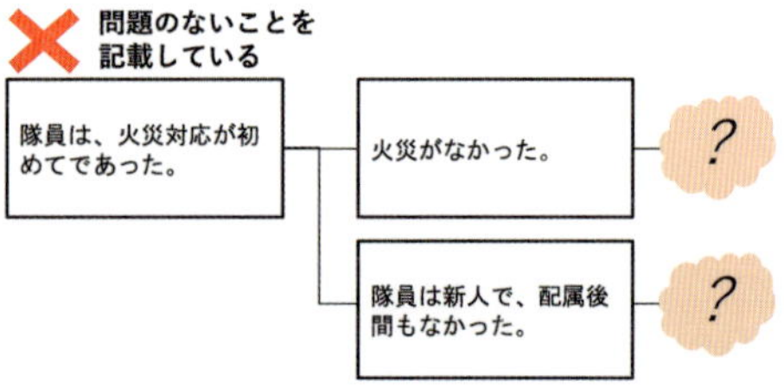

図5.24　問題のないことを記載している「なぜ」の例

対処可能な問題を記載対象とする

「なぜ」には問題のある事象を記載することを原則としますが、「管理可能なものを管理する」ということがエラーマネジメントの原則です。このため、たとえ問題のある事象であったとしても、自然現象や対処のしようがないものは対象外とします。

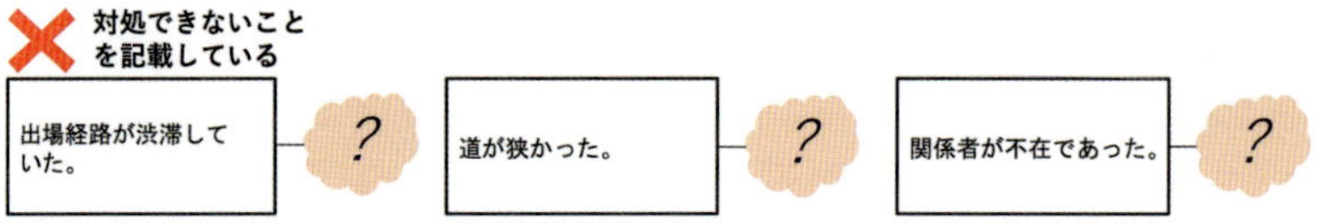

図5.25　対処不可能な「なぜ」の例

否定的な言葉は使用しない

「○○がダメだった」や「自分勝手に○○した」、「軽い気持ちで○○してしまった」等といった否定的な言葉を用いてしまうと、当事者等への責任追及に意識が向いてしまい、導き出される背後要因も個人に目を向けた表面的なものになってしまうおそれがあります。

また、VTAと同様に、事故当時の当事者等とは違い、分析者は事故の全体像(事の顛末)を把握している状況にあるため、「後知恵バイアス」が働き、「注意していれば防げたはずだ。注意しなかったのが悪い。」といったように、当事者等以外の要因に目を向けにくくなるおそれがあります。

このような傾向に陥りやすいことを十分に踏まえ、組織的な背後要因を特定するため、第三者目線を保持することが重要です。

「なぜ」の堂々巡りに注意

なぜなぜ分析を進めると、**図5.26**のように、堂々巡りに陥ってしまうこともあります。この場合、各事象の文章表現を具体化し、問題の論点を正確に捉えることで、解決することが見込めます。

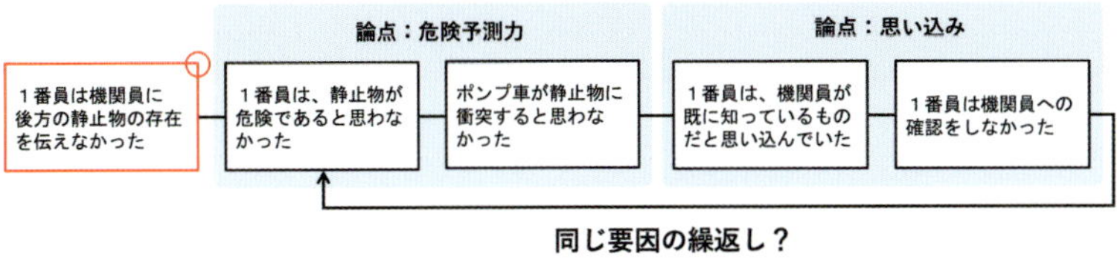

図5.26　堂々巡りの一例

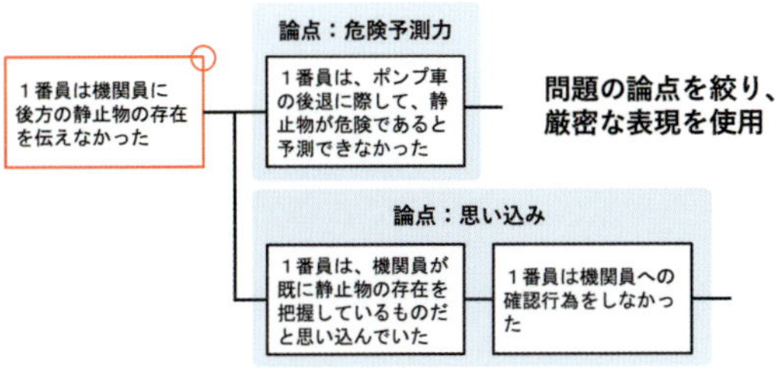

図5.27　堂々巡りの解消例

因果ではなく、言い換えに注意

なぜなぜ分析を実施していると、**図5.28**のように、一見、因果関係でつながるようで単なる表現の言い換えとなってしまう場合もあります。

このため、右から左へと読み返し、「○○(右)だから△△(左)」で意味が通じるか、論理展開を再確認するとともに、複数の目で確認をしてください。

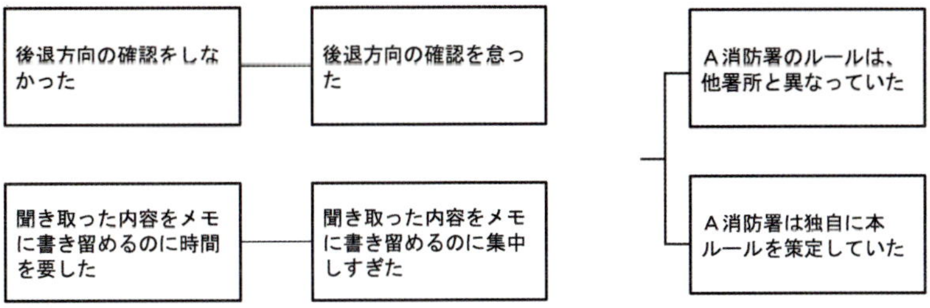

図5.28　単に言い換えになってしまっている例

最終確認

最終的に作成したなぜなぜ分析については、**章末のなぜなぜ分析チェックリスト**(113ページ)により、最終確認を行います。

VTAチェックリスト

VTAチェックリスト
□ **事実のみを記載しているか？** 「推定」が含まれる事象がある場合は、追加調査により事実関係を明らかにし、事実のみの記載に修正する。
□ **各事象（正常行動、逸脱行動及び排除行動）の記載内容は簡潔か？** 軸として設定した登場人物等が主語になっているか。 文末は現在形または体言止めになっているか。 一つの事象の中に複数の事象（問題点や行動）が記載されていないか。
□ **全ての軸に逸脱行動または逸脱行動につながる事象があるか？** 逸脱行動または逸脱行動につながる事象がない場合には、軸ごと削除する。ただし、事故の全体像を説明する上で必要な場合はそのまま残す。
□ **全ての事象は因果関係で結ばれているか？** 全ての逸脱行動は、因果関係の矢印で最終事象に結ばれるものである。そうでない場合には、当該事故の発生に関係のない逸脱行動と判断される。事故発生の論点を絞るためにも、因果関係が結ばれない事象は、削除する。
□ **事象間に「だから」、「した結果」等を挟んで、意味が通じるか？** 「○○だから△△」、「○○した結果△△」等を挟んで、意味が通らない場合には、因果関係が認められないため、再度検討する。
□ **事象間が「にも関わらず」等の逆説でつながっていないか？** 「にも関わらず」「したが」等の逆説の意味で矢印がつながっている場合には、事象の表現を変え因果関係を成立させる。また、「○○したが△△」というように一つの事象にまとめるなどの工夫をする。
□ **排除行動は、事故の直接的または間接的な要因として妥当か？** 排除行動は、①その行動等を排除することで事故の発生を防ぐことができるか、②その行動等を安全対策によって取り除くことが可能か、の視点で判断し特定する。
□ **必要な情報が記載されているか？** 人間の情報処理モデル（認知、判断、行為）に従った事象が記載されているか、事故の発生経緯が説明できるだけの情報が網羅されているか、という視点で確認し、不足があれば追加調査により情報収集し、記載する。

なぜなぜ分析チェックリスト

なぜなぜ分析チェックリスト
□ **具体的な記載内容となっているか？** 主語、述語および目的語を含む等、具体的な記載内容となっているか、問題点が明確であるか、曖昧な記載がされていないかを確認し、不備があれば修正する。
□ **一つの「なぜ」には一つの要素のみを記載しているか？** 一つの「なぜ」の中に、対象となる人物や行動が複数含まれていないかを確認する。複数の要素が含まれる場合には、各要素に分けて記載することを検討する。
□ **同じ事柄を、言い方を変えて繰り返していないか？** 取り除いても論理がつながるような「なぜ」があれば削除する。
□ **問題のあることのみを記載しているか？** 「なぜ」には、問題のあることのみを記載対象とするため、視点を変えて、再度検討する。
□ **論理展開は正しく成立しているか？** 「なぜ」を逆からたどり、「○○だから△△」で意味が通じることを確認する。意味が通じない場合には、論理が飛躍している可能性があるため、省略されている背後要因がないかを再度検討する。
□ **推定による「なぜ」は事実情報から妥当か？** なぜなぜ分析は推定も含めて行うものであるが、結果の信頼性の観点から、事実情報を根拠に、確からしい推定を行う。
□ **具体的な背後要因が導き出せているか？** 背後要因の主旨が具体的でない場合は、深掘りが不足している可能性がある。
□ **最終的な背後要因は、組織や仕組みに関する問題になっているか？** 背後要因の主語が当事者等の個人になっている場合は、主語を変更するか、さらに深掘りをすることで、組織や仕組みに関する問題点を検討する。
□ **背後要因は対処可能な問題であるか？** 業務範囲を逸脱し、または対処不可能な内容である場合には、再度検討する。
□ **背後要因に抜け漏れはないか？** m-SHELLモデルの各要素の視点から、再度見直し、抜け漏れの有無を確認する。

NOTE

第6章

事故分析の手法（一般型）

1　概要

第5章では、“重大型”の分析手法として、VTAおよびなぜなぜ分析を紹介しました。

これらは、多くの企業等に採用されている分析手法ですが、作成にはいくつかのルールやコツがあり、事故分析をこれから始めようとする人にとって、決して負担の少ないものではありません。

そこで、多角的な視点(m-SHELLの視点)を維持したまま、より簡易に効果的な事故分析を行えるよう東京消防庁が作成した「事故分析補助ツール」を紹介します。

事故分析補助ツール

一般型の事故を対象に、適正な調査分析を行えるよう補助するツールです。

「出来事流れ図」と「事故分析シート」を合わせて“事故分析補助ツール”と呼称します。

章末で作成例を紹介しますので、参考としてください。

（用紙「出来事流れ図」は127ページ「事故分析シート」は138ページ。コピーしてご使用ください）

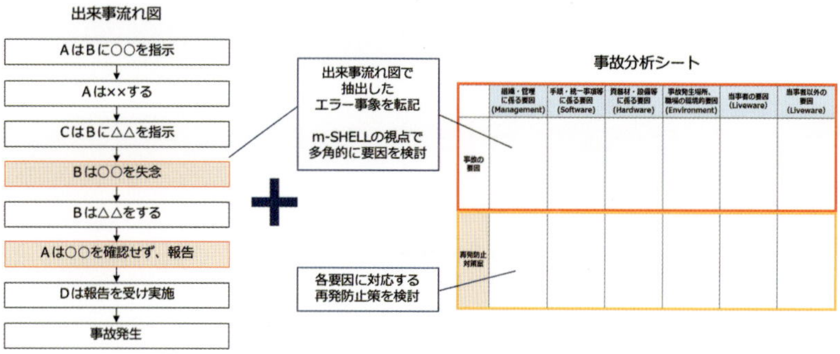

図6.1　事故分析補助ツールの概要

2　出来事流れ図[32,58]

出来事流れ図とは、発生した事象（当事者等の認知、判断、行動等や周囲の状況変化）を時系列に並べ、事故の見える化を図るものです。

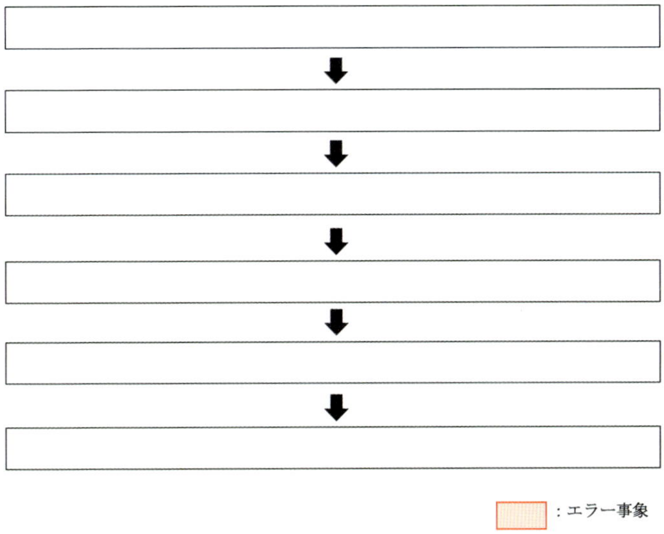

図6.2　出来事流れ図

事故は、「事象の連鎖」により発生するといわれています。

これは、何らかのヒューマンエラーまたは通常とは異なる状況・状態等を起点に、エラーが連鎖し最終的に事故につながるという考え方です。

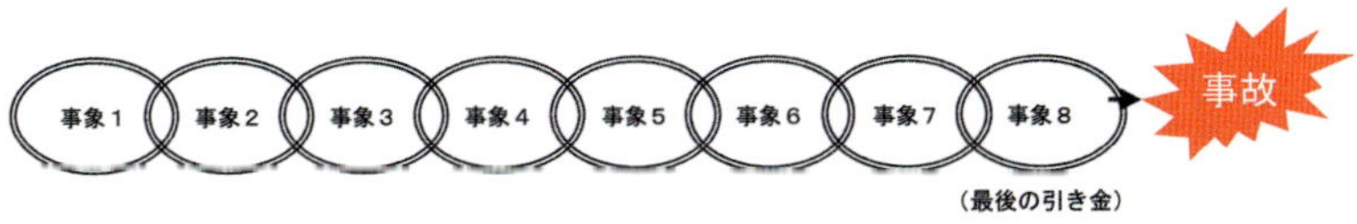

図6.3　事象の連鎖

POINT

このため、**出来事流れ図は、事故の可視化を目的とするほか、事象の連鎖の“①起点となるエラー”および“②エラーが拡大し事故に結びついた要因”を特定するために行うもの**ともいえます。

このように、出来事流れ図の作成に当たっては、当事者等の実際の行動を単に列挙するだけでなく、エラーを記載すること、つまり、本来実施すべきことを実施しなかったことや、ルール違反等の不安全行動を記載することが求められます。ただし、後知恵バイアスには十分に注意が必要です。分析者は、事故の経緯から結果まで全てを把握した状態(全てを知り得た神様のような状態)で、当事者等のエラーを洗い出します。このため、当事者等が当時、どこまでの情報を把握していたのかを整理しなければなりません。

▶6.2.1　出来事流れ図作成の手順

出来事流れ図は、図6.4の流れに沿って実施することを基本とし、図6.5に示すような資料の作成を通して、事故の起点となるエラーおよびエラーが拡大し事故に結びついた要因を導き出します。

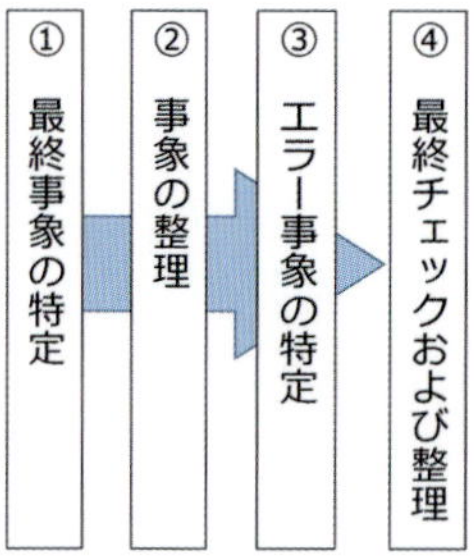

図6.4
出来事流れ図作成の手順

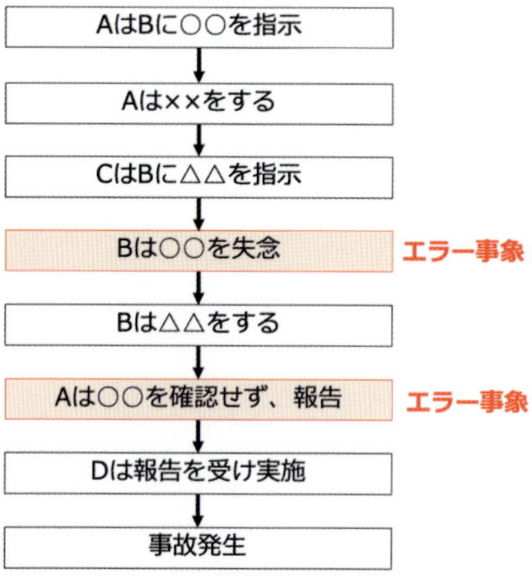

図6.5
出来事流れ図作成のイメージ

▶6.2.2　出来事流れ図作成の具体的な実施手順

最終事象の特定

出来事流れ図の作成に当たって、まずは、最終事象(最終的に再発を防ぎたい事象)を決定してください。

事象の整理

時系列ごとに「誰が」、「どこで」、「どのような背景で」、「どうした」、という視点で事象を簡潔に整理し、矢印でつないでいきます。

エラー事象の特定

作成した出来事流れ図の中から、エラー事象(起点となるヒューマンエラー等およびこれが拡大し事故に結びついた要因)を特定します。なお、事案により複数のエラー事象が特定されることもあります。

最終チェックおよび整理

最後に、過去から現在の方向へ事象の流れを読み上げ、ストーリーができているか、内容に飛躍がないかを確認してください。

また、以下の留意事項を理解した上で作成に臨んでください。

＜出来事流れ図作成時の留意事項＞

1　分析者全員が持つ、情報の平準化を図る
2　簡潔な記載を心掛ける
3　一つの事象の中に複数の事象を含めない
4　文末は現在形または体言止めとする
5　事象は登場人物が「主語」、「主体」となる表現にする
6　「実施すべきことを実施せず」ということも事象として記載できる
7　過去から現在の流れで読み上げ、事象に飛躍がないか確認する

3　事故分析シート [1,2,4,7,9,25,29,31,56,61,62]

事故分析シートとは、ヒューマンファクターの説明モデルとして広く活用されるm-SHELLモデル（**1.1.1参照**）に基づき、多角的な視点から事故の発生要因を究明し、各対策を検討するものです。

これまでヒューマンエラーに起因する事故では、当事者個人の技量、職務姿勢（怠慢、注意不足等）といった、いわゆる「人」に関する要因が着目され、なぜそのような状況に陥ったのかという背景に着目した組織的な要因は見過ごされがちでした。

本シートを使用することで、分析者の多角的な視点が維持され、仕組みや作業環境といった「人」以外の要因に目を向け、幅広い要因と再発防止対策の立案が期待されます。

表6.1　m-SHELLモデルの視点

要素	例（事故の要因）
m（management） 組織、管理等	・教育や訓練の内容または体制に不備・不足がある ・人員や時間が足りない ・上司からの指示がない、曖昧である ・職場の雰囲気や安全文化の状態 ・安全対策への取組状況 ・現場からの意見の反映や定期的なルール見直しの状況
S（Software） 既定の手順、統一事項等	・基準、ルール、手順、マニュアル、規程等において定められていない。不備・不足がある
H（Hardware） 資器材、設備等	・資器材や設備の仕様や設計の不備、数量の不足がある
E（Environment） 場所、職場の環境等	・作業場所の悪条件（狭い、暗い、うるさい等）
L（Liveware） 当事者	・知識、技術の不足 ・身体的な不具合（眠気、疲労、体調不良等） ・不安全行動（手抜き、不注意、単独行動、独断、保護具の未着装等） ・不適正なコミュニケーション、チームワーク
LL（Liveware） 当事者以外の事故の関係者	

▶6.3.1　事故分析シート作成の流れ

出来事流れ図で特定したエラー事象の記入

ヒューマンエラーによる事故の場合、特定したエラー事象の多くは人的要因となることが想定されます。このため、事故分析シートの「事故の要因」の行のうち、L（当事者に関する要因）またはLL（当事者以外の者の要因）のいずれか適する欄に出来事流れ図で特定したエラー事象を記入してください。（**図6.6**）

エラー事象が人的要因以外の場合には、それぞれ適する欄に記入してください。

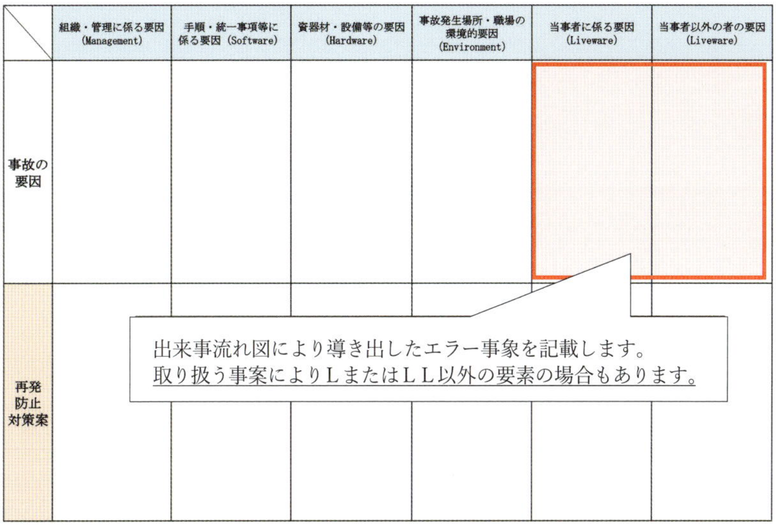

	組織・管理に係る要因 (Management)	手順・統一事項等に 係る要因 (Software)	資器材・設備等の要因 (Hardware)	事故発生場所・職場の 環境的要因 (Environment)	当事者に係る要因 (Liveware)	当事者以外の者の要因 (Liveware)
事故の 要因						
再発 防止 対策案						

図6.6　エラー事象の記入

背後要因を探る

出来事流れ図で特定したエラー事象の背後要因を、m‐ＳＨＥ（m：組織・管理、Ｓ：手順・統一事項等、Ｈ：資器材、設備等、Ｅ：発生場所、職場の環境）の各視点から検討し、該当する各欄に記入します。（**図6.7**）

この際、**m‐ＳＨＥの各欄に記入する背後要因は、各要素が主語となるよう、記載してください。** POINT

また、エラー事象が人的要因以外の場合には、m‐ＳＨＥＬＬの他の要素に注目し発生要因を検討してください。

なお、人的要因の要素から、さらに人的要因の欄に心情や背景等の要因を書き出すことで、他の要素への検討が広がる場合もあります。

例1：m（組織・管理に係る要因）の場合

（×）　〇〇士長は、△△という所属内ルールを知らなかった。

（〇）　××消防署は、△△のルールについて、定期的な教育をしていなかった。

例2：S（手順・統一事項に係る要因）の場合

（×）　〇〇士長が、△△という取決めを守らなかった。

（〇）　△△という取決めの記載があいまいであった。

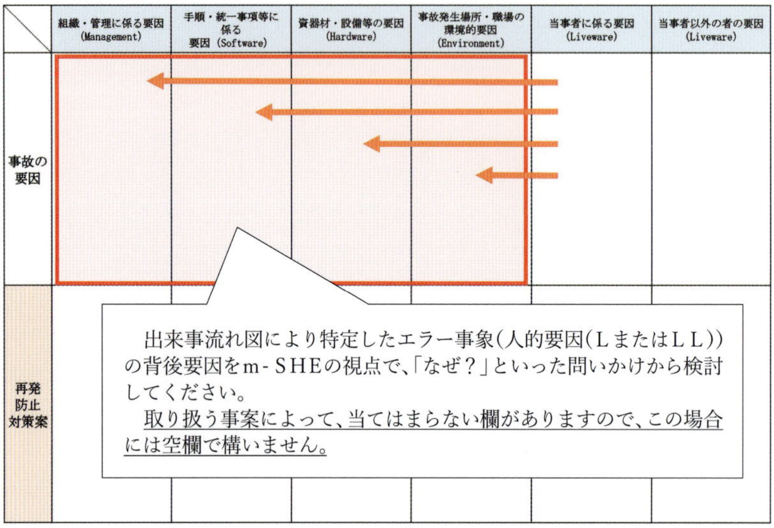

図6.7　エラー事象の背後要因の記入

要因分析上の留意事項

ア　記入する欄にこだわらない

POINT

事故分析の目的は、適正な背後要因と再発防止対策を導き出すことであり、**導き出した事故の背後要因がm-ＳＨＥのどの要素（欄）にあてはまるかは、さほど重要ではありません。このため、どの欄に記入するか迷いが生じた場合には、最も適すると考えられるどれか一つの欄に記入してください。**

イ　空欄も存在する

事案により導かれない要素も十分にあります。この場合には、無理に導く必要はなく、参加者が納得するような要因を導くことが重要です。

ウ　ヒューマンエラーが事故に直結することもある

ヒューマンエラーによる事故は、ヒューマンエラーの発生防止および拡大防止の二つの観点から検討しますが、起点となるヒューマンエラーが事故に直結するような事案もあります。

この場合、ヒューマンエラーが拡大し事故に結びついた要因が見出しにくいため、ヒューマンエラー発生要因を主として検討してください。

しかし、フェールセーフの概念から、人が過ちを起こしても、自動的に安全側へ傾くようなハード対策も必要であるため、このような視点からの検討もしてください。

エ　一度の「なぜ？」では不十分な場合もある

本シートによる事故分析では、エラー事象の背後要因を一度の「なぜ？」により導くこととなります。しかし、事案によっては、一度の「なぜ？」では参加者の納得のいく要因が導かれない可能性もあります。この場合、「なぜ？」という問いかけをさらに繰り返すことで、より深掘りすることができ、真因に近づくことが見込めます。

複数回の「なぜ？」を適正に繰り返すためには、一定のルールがあるため、**「なぜ」深掘りのルール（5.3.2参照）**を参考にしてください。

対策を講じる要因の決定

要因について多くの意見を集めるとともに、分析者全員で各要因の妥当性等について十分な議論の上、最終的に対策を講じるべき要因を決定してください。

▶6.3.2　再発防止対策の検討

検討方法

ア　導き出した背後要因ごとに、5 E（Education（教育・訓練）、Engineering（資器材・設備等）、Enforcement（統一徹底事項・マニュアル等）、Environment（事故発生場所・職場の環境改善）およびExample（情報共有の方法））の視点から対策を検討します。（表6.3）（図6.8）

イ　**事故分析の留意事項**（4.2.3参照）のとおり、分析結果については、参加者全員の納得感が非常に重要です。納得感を得られない再発防止対策は、実行に移しても形骸化し、他の事故の要因となるおそれもあるため留意してください。

ウ　組織として取り組む具体的な再発防止対策が思い浮かばない場合には、空欄でも構いません。

表6.3　5Eの視点

要素	例（対策案）
教育・訓練に関すること（Education）	新たな教育・訓練の実施
	既存の教育・訓練要領の変更等
資器材・設備等に関すること（Engineering）	資器材や設備の導入または改善
	配置の適正化等
統一徹底事項・マニュアルに関すること（Enforcement）	既存ルール等の改正、新たなルール等の策定
事故発生場所・職場の環境改善に関すること（Environment）	作業環境や職場環境の改善
情報共有に関すること（Example）	本事案内容および対策に関する情報共有の具体的方法

第6章

	組織・管理に係る要因 (Management)	手順・統一事項等に係る要因 (Software)	資器材・設備等の要因 (Hardware)	事故発生場所・職場の環境的要因 (Environment)	当事者に係る要因 (Liveware)	当事者以外の者の要因 (Liveware)
事故の要因						
再発防止対策案						

図6.8　再発防止対策の検討方法

対策検討時の留意事項

安全は個人の取組も重要であり、当事者等の技量不足や知識不足等が課題として挙げられた場合、当事者等個人の技量等の向上を目指す対策も必要です。

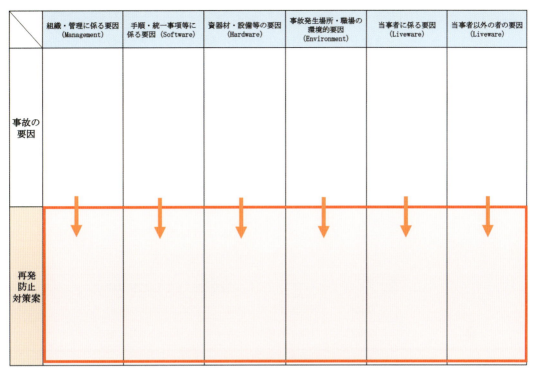

POINT

しかし、**当事者等個人の技量等が改善されても、別の機会に経験の浅い別の職員が同様の事故を発生させてしまうおそれもあり、有効な対策とはいえません。**

このような個人の努力に委ねた対策だけでなく、教育・指導体制、管理監督要領などをはじめとした周囲から当事者等への働きかけに関することも重要な視点です。

▶6.3.3　再発防止対策の具体化および抽出

再発防止対策の具体化

導かれた再発防止対策案は、5W1H(誰が、いつ、どこで、誰に、何を、どのように)の視点から具体化を図ってください。これにより、再発防止対策の有効性や弊害といった新たな気づきが生まれ、より良い対策立案につながることが見込めます。

5W1Hによる具体化のほか、**表6.4**および**表6.5**のチェックリストを参考に有効性等にも配慮してください。

なお、本チェックリストは対策案により適さない項目もあります。

実行に移す再発防止対策の絞り込み

具体化した対策案について、**表6.4**および**表6.5**を参考に有効性等を整理し、**分析者の間で十分な議論の上、実情を踏まえ、実行する再発防止対策を決定してください。**

POINT

表6.4　対策の評価

項目	内容
有効性	対策にどれだけ明確で具体的な効果が期待できるか
即効性	対策が実施されてから効果が現れるまでに要する期間
持続性	対策が実施された場合の効果の持続性 将来にわたり持続されるものか
実施時間	対策を実施するまでの計画と準備に要する時間
難易度	対策を具体化するためにどの程度の困難が予想されるか
経済性	対策の具体化に必要な経費や人員などのコストの多寡
一般性	対策が事故を起こした設備、業務、組織以外にも適用できるか

表6.5　有効な対策立案のためのチェックリスト

番号	内容
1	背後要因の主旨に対応した対策案か？
2	人（現場職員）に頼った対策ではないか？
3	複雑でなく、内容等はわかりやすいか？
4	現場職員の理解が得られ、順守できる対策であるか？
5	業務効率の悪化を招くおそれはないか？
6	他の事故を誘発するおそれはないか？
7	ゆとりがあり、現場の裁量はあるか？

※対策案により当てはまらない項目もあります。

第6章

出来事流れ図

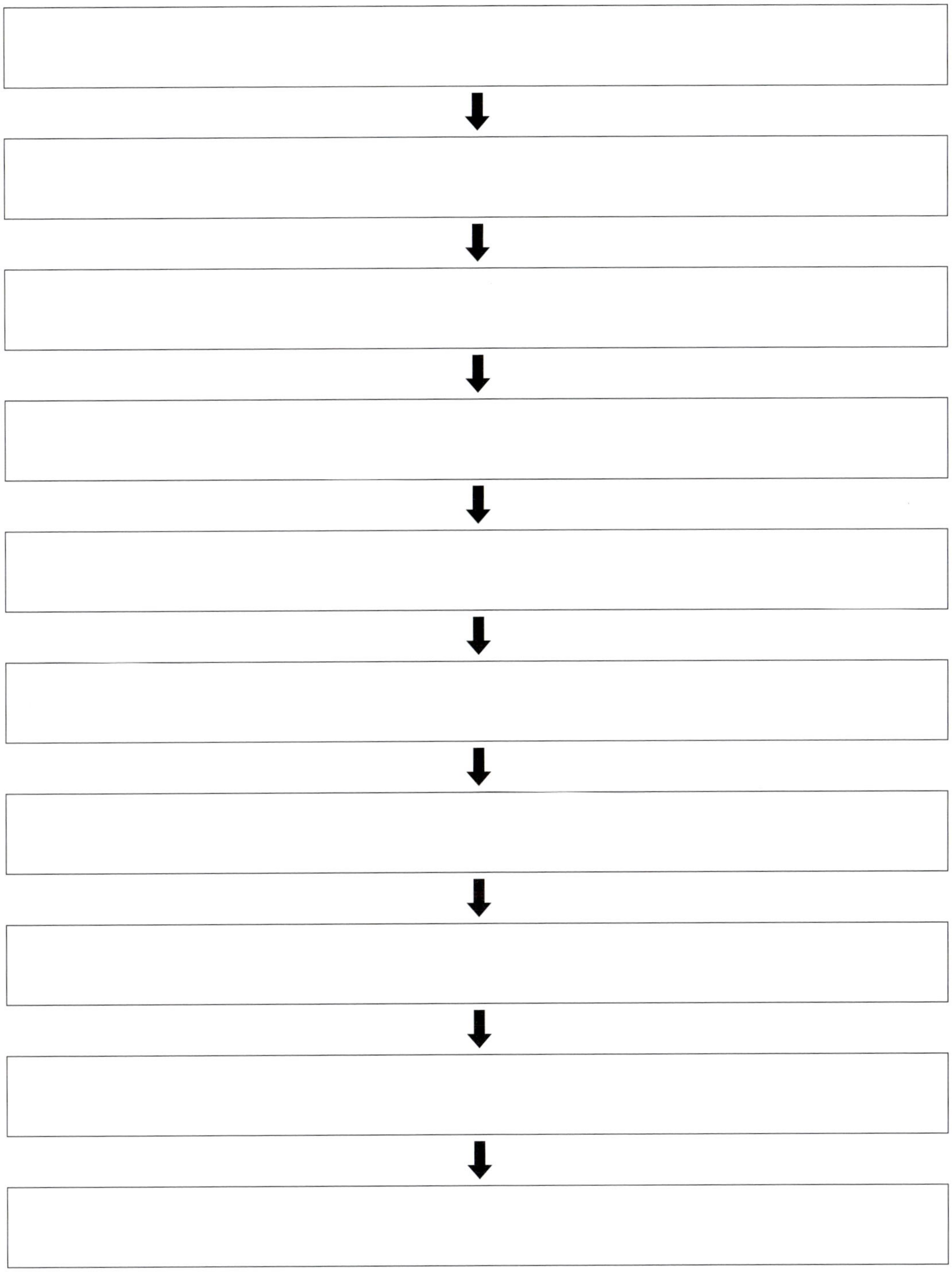

:エラー事象

※枠・矢印の増減は適宜行ってください。

【事例1:出張所での車庫入れ時、アンダーミラーを破損した事案】

4月某日、本署ポンプ1小隊は出張所へ移動配置のため出向した。出張所前に到着後、小隊長は車庫入れを開始したところで、機関員、隊員Aおよび隊員Bに任せ、移動配置の隊現況入力のため通信室へ向かった。

機関員は、隊員2名の誘導のもと、車庫入れを完了後、通信室へ向かいポンプ小隊長へ「異常ありません。」と報告し、移動配置の入力状況を確認した。機関員から報告を受けたポンプ小隊長は、通信室から隊員Bに対してオーバーヘッドドアを閉鎖するよう指示し、出張所長へのあいさつのため、隊員Aとともに2階事務室へ向かった。

隊員Bはオーバーヘッドドアを閉鎖するため操作ボタンの前に移動したが、オーバーヘッドドアの動線に車両のアンダーミラーが干渉していることに気づかず、そのまま閉ボタンを押下してしまった。

その後、閉鎖状況を見届けることなく通信室へ向かったため、オーバーヘッドドアと車両のアンダーミラーが接触し、アンダーミラーが破損した。隊員Bは、日頃からオーバーヘッドドアの操作前に、動線の障害物等の状況を確認していなかった。

出来事流れ図の作成例【事例1】

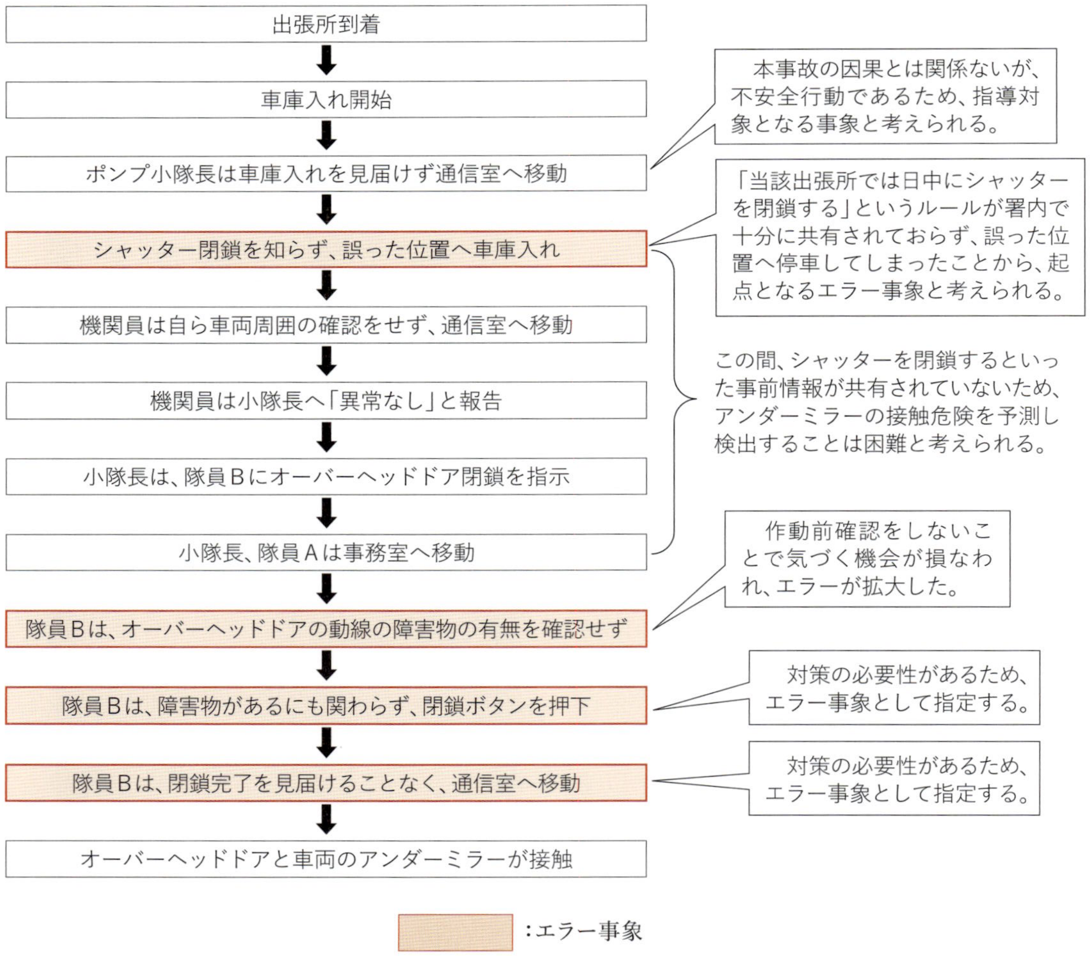
出張所到着
車庫入れ開始
ポンプ小隊長は車庫入れを見届けず通信室へ移動
シャッター閉鎖を知らず、誤った位置へ車庫入れ
機関員は自ら車両周囲の確認をせず、通信室へ移動
機関員は小隊長へ「異常なし」と報告
小隊長は、隊員Bにオーバーヘッドドア閉鎖を指示
小隊長、隊員Aは事務室へ移動
隊員Bは、オーバーヘッドドアの動線の障害物の有無を確認せず
隊員Bは、障害物があるにも関わらず、閉鎖ボタンを押下
隊員Bは、閉鎖完了を見届けることなく、通信室へ移動
オーバーヘッドドアと車両のアンダーミラーが接触
本事故の因果とは関係ないが、不安全行動であるため、指導対象となる事象と考えられる。
「当該出張所では日中にシャッターを閉鎖する」というルールが署内で十分に共有されておらず、誤った位置へ停車してしまったことから、起点となるエラー事象と考えられる。
この間、シャッターを閉鎖するといった事前情報が共有されていないため、アンダーミラーの接触危険を予測し検出することは困難と考えられる。
作動前確認をしないことで気づく機会が損なわれ、エラーが拡大した。
対策の必要性があるため、エラー事象として指定する。
対策の必要性があるため、エラー事象として指定する。
:エラー事象

※本分析例は、あくまで一例です。

事故分析シート作成例【事例1】

※対応関係が参照しやすいように丸囲いの数字を振っています。
※各項目の出だしをずらしていますが、分量に応じて必ずしもずらす必要はありません。
※要因を抽出した結果、空白のマスが出た場合、無理に埋めなくて構いません。

	組織・管理に係る要因（Management）	手順・統一事項等に係る要因（Software）	資器材・設備等の要因（Hardware）	事故発生場所・職場の環境的要因（Environment）	当事者に係る要因（Liveware）	当事者以外の者の要因（Liveware）
事故の要因	①「当該出張所ではシャッターを閉鎖する」という情報が署内で十分に共有されていなかった。 ②ポンプ小隊長は、オーバーヘッドドアの操作時の確認要領について十分な教育をしていなかった。	②オーバーヘッドドア操作時の確認事項、操作要領等が明確に定められていなかった。	③障害物があるにも関わらず閉鎖できる仕様だった。 ④人がその場にいなくてもオーバーヘッドドアが動き続ける仕様だった。		②隊員Bは、オーバーヘッドドアの動線の障害物の有無を確認せず ③隊員Bは、障害物があるにも関わらず閉鎖ボタンを押下 ④隊員Bは、閉鎖完了を見届けることなく、通信室へ移動	① シャッター閉鎖を知らず、誤った位置へ車庫入れ
再発防止対策案	①当該出張所では、日中はシャッターを閉鎖するため、アンダーミラーの接触に注意しなければならないことについて全署員に情報共有する。 ②右記の確認要領について、各中小隊長は各隊員へ教育し、定着するまでの間、指導を継続する。	②オーバーヘッドドア操作時の確認要領を次のとおり定める。 □操作者は、操作前に指差確認呼称をすること。 □操作者は、閉鎖完了まで停止ボタンに指を添え、持ち場を離れない。	③障害物がある場合には、閉鎖できない機械的仕様にする。 ④閉鎖ボタンを離すと、自動的に動作が止まる機械的仕様にする。			

【凡例】
（赤破線枠）：出来事流れ図から特定したエラー事象（丸囲いの数字は、エラー事象の番号および各要因・再発防止対策の対応関係を表す）
（青破線枠）：再発防止対策を立てるべき背後要因

※本分析例に、あくまで一例です。

【事例2: 隊現況の誤入力から誤って部隊運用された事案】

ポンプ小隊2隊および救急小隊1隊が配置される出張所において、1小隊は終日、訓練出向のため、8時30分から隊現況を「出場不能」とし出向した。

11時00分にA副士長から隊現況の申送りを受け、B士長が通信勤務を開始したところ、11時10分に救急出場指令が流れ、B士長は隊現況入力をしようとしたところ、誤って1小隊を「出場」入力してしまった。すぐに誤りに気づき、救急隊を「出場」入力したものの、1小隊の隊現況を「出場不能」に戻すところ、誤って「待機」としてしまった。B士長は警防本部に1小隊の隊現況を一時的に「出場」誤入力した旨を報告したが、1小隊の「待機」入力に気づくことはなかった。

その後、11時30分救助活動の出場指令が入り、B士長は出場するため、駆け付けた残留勤務員のC副士長と交替し、C副士長に2小隊の隊現況未入力の旨を告げ、出場した。C副士長は2小隊を「出場」入力したが、1小隊が「待機」入力されていることまでは気づくことはなかった。その後、2小隊が活動終了し帰所途上、火災出場指令が入り、署隊本部班長は、出場指令書を確認したところ、出場不能のはずの1小隊が部隊編成されていることに気づき、出張所に確認を取った後、すぐに署隊本部班長から警防本部に報告し、別のポンプ小隊が運用された。

出来事流れ図の作成例【事例2】

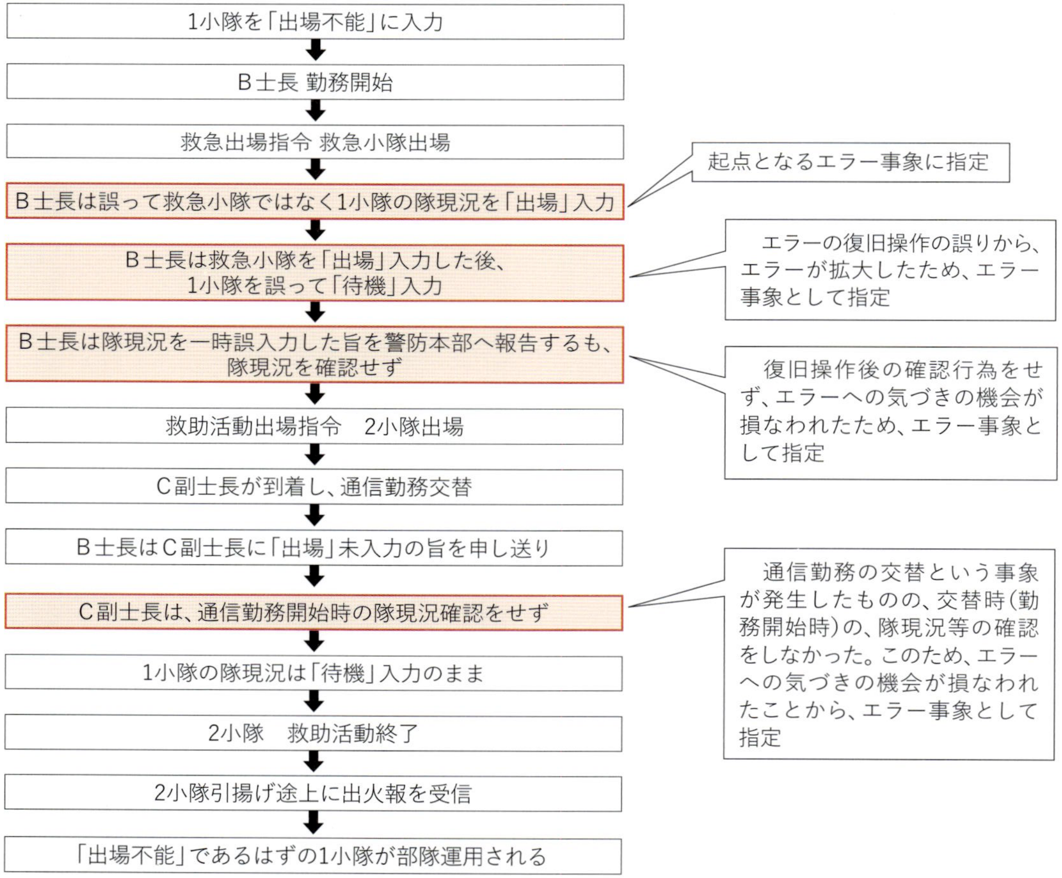

：エラー事象

※本分析例は、あくまで一例です。

事故分析シート作成例【事例2】

※対応関係が参照しやすいように丸囲いの数字を振っています。
※各項目の出だしをずらしていますが、分量に応じて必ずしもずらす必要はありません。
※要因を抽出した結果、空白のマスが出た場合、無理に埋めなくて構いません。

	組織・管理に係る要因（Management）	手順・統一事項等に係る要因（Software）	資器材・設備等の要因（Hardware）	事故発生場所・職場の環境的要因（Environment）	当事者に係る要因（Liveware）	当事者以外の者の要因（Liveware）
事故の要因	④通信勤務開始時の隊現況等の確認の必要性について教育が行われていなかった。	④通信勤務開始時の確認項目が明確に定められていなかった。		④当該出張所では、通信勤務開始時の隊現況等の確認行為が、日頃から疎かになっていた。	①B士長は誤って救急小隊ではなく1小隊の隊現況を「出場」入力 ②B士長は救急小隊を「出場」入力した後、1小隊を誤って「待機」入力 ③B士長は隊現況を一時誤入力した旨を警防本部へ報告するも、隊現況を確認せず	④C副士長は、通信勤務開始時に隊現況確認をせず
再発防止対策案	④定時の交替に限らず、出場に伴う臨時交替であっても、通信勤務開始時の隊現況等の確認を必ず行うよう教育を行い、適宜、実施状況を確認する。	④通信勤務開始時の確認項目の周知を図るとともに、チェックリストを作成し通信室に配置する。			①②隊現況の入力時には、「確認呼称」をしながら行うようにする。 ③誤入力復旧後には、隊現況の再確認を指差確認呼称により行う。	

安全のためのルールの逸脱が常態化していたことが考えられ、いわゆる安全文化の欠如が見受けられるため、職場の環境的要因に挙げた。

再発防止対策に結びつかないときは、青の四角で囲わない。

チェックリストは、作業の抜け漏れを防ぐ有効な対策として、航空、医療業界等において活用されている。

指差確認呼称、確認呼称は、ヒューマンエラー防止の有効な対策とされる。ただし、対策としての実効性や継続性を持たせるには、作業者の理解と継続的な指導が必要である。

【凡例】
（赤の破線枠）：出来事流れ図から特定したエラー事象（丸囲いの数字は、エラー事象の番号および各要因・再発防止対策の対応関係を表す）
（青の破線枠）：再発防止対策を立てるべき背後要因

※本分析例は、あくまで一例です。

【事例3：火災現場でホースが結合されず水損した事案】

10月某日10時30分、ポンプ中隊（2小隊4名、1小隊4名）は耐火4/0建物4階出火の出場指令を受け出場した。2着隊として現着後、中継隊形により活動を開始し、中隊長はホース延長を2小隊長に下命後、4階へ向かった。

2小隊長は、ホースカーで建物入口までホースを延長し、2小隊員に屋内階段で3階まで65㎜ホースを延長するよう下命した。その後、2小隊長は、先行して50㎜ホース2本と二又分岐を3階まで搬送した。2小隊員は、ホースカーから65㎜ホース1本分を取り出し、左手で投光器および発動発電機を持ち、右手で65㎜ホースを延長した。

しかし、2階でホースが足りなくなったため、そのままホースを放置し、投光器および発動発電機を3階まで搬送することとした。その後、2小隊員は、3階に到着すると、中隊長から「投光器設定」の下命を受け、直ちに投光器の設定に着手した。

中隊長は、近くにある二又分岐を自隊のものと誤認し、ホース延長完了と思い込み、2小隊機関に対して「放水はじめ」と無線連絡した。その後、送水開始され、2階で放置された65㎜ホースから水が噴出し、水損が発生した。

なお、本火災はぼや火災であった。

出来事流れ図の作成例【事例3】

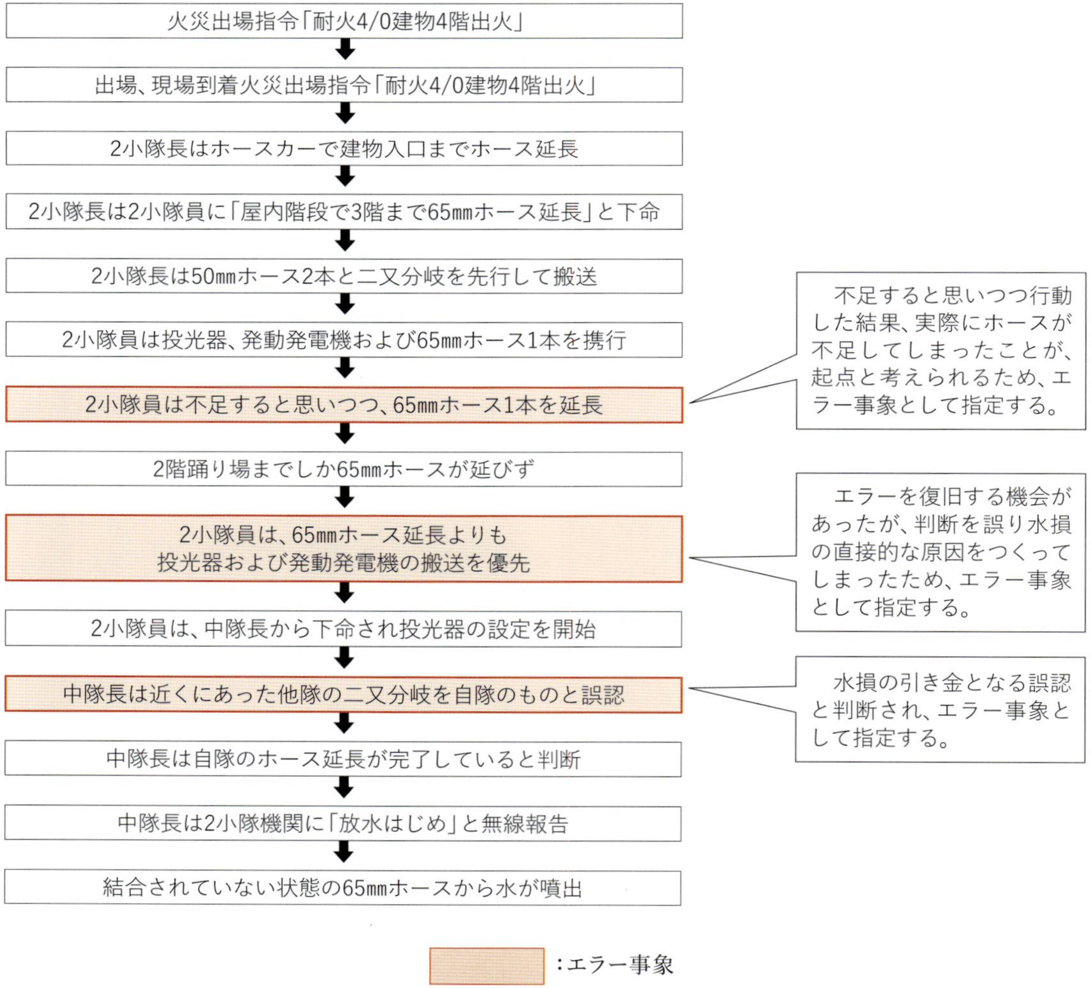
火災出場指令「耐火4/0建物4階出火」
出場、現場到着火災出場指令「耐火4/0建物4階出火」
2小隊長はホースカーで建物入口までホース延長
2小隊長は2小隊員に「屋内階段で3階まで65㎜ホース延長」と下命
2小隊長は50㎜ホース2本と二又分岐を先行して搬送
2小隊員は投光器、発動発電機および65㎜ホース1本を携行
2小隊員は不足すると思いつつ、65㎜ホース1本を延長
不足すると思いつつ行動した結果、実際にホースが不足してしまったことが、起点と考えられるため、エラー事象として指定する。
2階踊り場までしか65㎜ホースが延びず
2小隊員は、65㎜ホース延長よりも
投光器および発動発電機の搬送を優先
エラーを復旧する機会があったが、判断を誤り水損の直接的な原因をつくってしまったため、エラー事象として指定する。
2小隊員は、中隊長から下命され投光器の設定を開始
中隊長は近くにあった他隊の二又分岐を自隊のものと誤認
水損の引き金となる誤認と判断され、エラー事象として指定する。
中隊長は自隊のホース延長が完了していると判断
中隊長は2小隊機関に「放水はじめ」と無線報告
結合されていない状態の65㎜ホースから水が噴出
：エラー事象

※本分析例は、あくまで一例です。

事故分析シート作成例【事例3】

※対応関係が参照しやすいように丸囲いの数字を振っています。
※各項目の出だしをずらしていますが、分量に応じて必ずしもずらす必要はありません。
※要因を抽出した結果、空白のマスが出た場合、無理に埋めなくて構いません。

	組織・管理に係る要因（Management）	手順・統一事項等に係る要因（Software）	資器材・設備等の要因（Hardware）	事故発生場所・職場の環境的要因（Environment）	当事者に係る要因（Liveware）	当事者以外の者の要因（Liveware）
事故の要因	①②消火活動における筒先配備の優先性について隊員への教育・訓練が十分ではなかった。		③どの隊の所有する二又分岐か一目でわかるようなものではなかった。		①2小隊員は不足すると思いつつ、65㎜ホース1本を延長 ②2小隊員は、ホース延長よりも投光器等の搬送を優先	③中隊長は近くにあった他隊の二又分岐を自己隊のものと誤認
再発防止対策案	①②本事故事案を活用して、各中小隊長は、筒先配備の優先性について各隊員に教育する。 何事も知らなければ正しい判断はできないため、教育の必要性が考えられる。		③二又分岐に隊名を表示して、識別しやすいようにする。 資器材等の「～にくさ」を改善することはヒューマンエラー防止の有効な対策であると考えられる。			

【凡例】
（赤の破線枠）：出来事流れ図から特定したエラー事象（丸囲いの数字は、エラー事象の番号および各要因・再発防止対策の対応関係を表す）
（青の破線枠）：再発防止対策を立てるべき背後要因

※本分析例は、あくまで一例です。

【事例4: 予防受付文書を紛失した事案】

5月某日13時20分頃、消防署予防課に事業所の担当者から電話があった。15時に自衛消防訓練に関する届出をしたい旨の内容で、係員A司令補が「その時間であれば大丈夫です。」と対応した。

15時になり、予定どおり事業所の担当者が来課し、電話対応した職員とは別の交替制職員B副士長が受付対応をした。B副士長が事業所の担当者から書類を受け取り、内容を確認していた際に災害出場指令が入ったため、B副士長は同じ係のC士長に対応を引き継ぎ、災害出場した。

対応を引き継いだC士長は予防課に異動となったばかりの職員で、マニュアルを確認しながら受付処理を行っていた。その最中に、上司から突然呼び出しがかかり、他の業務に関して緊急性のある事項の説明を求められ、事業所の担当者には一時的に待ってもらった。上司への説明を簡潔に済ませ、受付対応に戻った際、本来返却すべきではない書類を一部担当者へ返却してしまった。

その後、出場から戻ってきたB副士長が届出書類の事後処理を引き継ぎ、枚数や内容を確認せずにそのまま保管してしまい、後日、書類が一部紛失していることが判明した。

出来事流れ図の作成例【事例4】

A司令補が管内の事業所から来署予定の電話を受ける

↓

予定時刻になり、事業所の担当者が届出のため来課する

↓

B副士長が受付対応していたところ出場指令が入る

↓

B副士長はC士長に受付対応を引き継ぐ

↓

C士長が受付作業中に上司から至急の呼び出しがかかる

（来客対応中の職員を呼び出すことは理想的でないため、エラー事象として指定する。）

↓

C士長は上司への説明を済ませ受付対応に戻る

↓

C士長は返却すべきでない書類を事業者に返却

↓

出場から戻ってきたB副士長が書類をそのまま保管

↓

後日、書類の紛失が判明

（色付きの枠）:エラー事象

※本分析例は、あくまで一例です。

事故分析シート作成例【事例4】

※対応関係が参照しやすいように丸囲いの数字を振っています。
※各項目の出だしをずらしていますが、分量に応じて必ずしもずらす必要はありません。
※要因を抽出した結果、空白のマスが出た場合、無理に埋めなくて構いません。

	組織・管理に係る要因（Management）	手順・統一事項等に係る要因（Software）	資器材・設備等の要因（Hardware）	事故発生場所・職場の環境的要因（Environment）	当事者に係る要因（Liveware）	当事者以外の者の要因（Liveware）
事故の要因	②担当職員が欠けたときに他の職員も受付対応ができる状態ではなかった。 ③コミュニケーションエラーを防ぐツールである「確認会話」が職場全体に浸透していなかった。			①上司の席からは受付対応の状況がわかりにくい配置であったため、受付対応中であることがわからなかった。 ②事務室の机の上が整理されておらず、対応中に他の書類に混在してしまった可能性がある。	①C士長が受付作業中に上司から至急の呼び出しがかかる ②C士長は返却すべきでない書類を事業者に返却 ③出場から戻ってきたB副士長が書類をそのまま保管	③当初対応したB副士長は、適切に受付処理されたものと思い、確認を十分にしなかった。
再発防止対策案	②受付対応は他の係員でも実施できるように教育する。 ③コミュニケーションエラーを防ぐため、少しでも疑問に思ったことはためらわずに相互に確認し合う「確認会話」を職場全体で励行する。			①事務室内のレイアウトや座席の配置を見直し、死角となるような障害物を取り除く。 ②職場内で5S活動を実施し、整理整頓された中で作業するようにする。		

事故分析シートでは、推測も可
※出来事流れ図では、推測は不可。

事務室の環境の問題(E)とも設備の問題(H)ともとれる。
書く欄に必要以上にこだわらない。

5S：整理、整頓、清掃、清潔、しつけ。

【凡例】
（赤の破線枠）：出来事流れ図から特定したエラー事象（丸囲いの数字は、エラー事象の番号および各要因・再発防止対策の対応関係を表す）
（青の破線枠）：再発防止対策を立てるべき背後要因

※本分析例は、あくまで一例です。

【事例5:共用のノートパソコンを水損させた事案】

2月某日、A司令補は、消防署共用の業務用ノートパソコンを使って事務室で事務処理を行っていた。

仕事の合間に、A司令補は自身のマグカップにミネラルウォーターを入れ、机の上(ノートパソコンの左側)に置いた。

A司令補は水を飲もうとマグカップを持とうとした際、持ち損ねてしまい、マグカップが机の上に落下した。倒れたマグカップから流れ出た水がノートパソコンのキーボード上にかかり、ノートパソコンが故障した。

A司令補は普段から休息時間にマグカップでミネラルウォーターを飲んでいた。普段、マグカップは別の机に置いていたが、その日はノートパソコンを置いている机の上に水が入ったマグカップを置いていた。また、マグカップの取っ手が使いにくい形状であったため、普段から取っ手を使っていなかった。

出来事流れ図の作成例【事例5】

共用のノートパソコンを使って仕事を始める

↓

マグカップに水を入れる

↓

マグカップを机の上(ノートパソコンの左側)に置く

（パソコンの水損事案はよくある話で、パソコンの近くに飲料水等を置かない対策が示されているにも関わらず置いていたことから、エラー事象として指定する。）

↓

マグカップを持とうとした際に取り損ねる

↓

マグカップが机の上に落下する

↓

マグカップから水が流れ出る

（倒れたマグカップから水が流れ出るのは当然であるが、対策の打てる事象であるためエラー事象として指定する。）

↓

水がノートパソコンのキーボードにかかる

↓

ノートパソコンが水損する

:エラー事象

※本分析例は、あくまで一例です。

事故分析シート作成例【事例5】

※対応関係が参照しやすいように丸囲いの数字を振っています。
※各項目の出だしをずらしていますが、分量に応じて必ずしもずらす必要はありません。
※要因を抽出した結果、空白のマスが出た場合、無理に埋めなくて構いません。

	組織・管理に係る要因（Management）	手順・統一事項等に係る要因（Software）	資器材・設備等の要因（Hardware）	事故発生場所・職場の環境的要因（Environment）	当事者に係る要因（Liveware）	当事者以外の者の要因（Liveware）
事故の要因		①机の上には蓋なしの飲み物を置いてはいけないルールであったが守られていなかった。	②取っ手があったが、少し使いにくい形状だったので、普段から取っ手を使っていなかった ③蓋がないマグカップを使用していた。	①机の上の状況からマグカップを置ける位置が限られていた。 ④ノートパソコンを机の上に直に置いていたので、水が流れてしまった際にノートパソコンにかかるようになっていた	①マグカップを机の上（ノートパソコンの左側）に置く ②水を飲もうとマグカップを持とうとした際に取り損ねる ③マグカップから水が流れ出る ④水がノートパソコンのキーボードにかかる	
再発防止対策案		①今回の事故事例を共有し、ルールが出来た意味を再確認する。	②手に取りやすい形状のものを使用する。 ③蓋があるマグカップや水筒を使う。	①職場内で5S活動を実施し、整理整頓された中で作業するようにする。 ④パソコン用のスタンドを使ったり、設置方法を変えることで、万が一水が流れてしまってもノートパソコンには水がかからないような環境をつくる。		

5S：整理、整頓、清掃、清潔、しつけ。

【凡例】
（赤破線枠）：出来事流れ図から特定したエラー事象（丸囲いの数字は、エラー事象の番号および各要因・再発防止対策の対応関係を表す）
（青破線枠）：再発防止対策を立てるべき背後要因

※本分析例は、あくまで一例です。

事故分析シート

	組織・管理に係る要因（Management）	手順・統一事項等に係る要因（Software）	資器材・設備等の要因（Hardware）	事故発生場所・職場の環境的要因（Environment）	当事者に係る要因（Liveware）	当事者以外の者の要因（Liveware）
事故の要因						
再発防止対策案						

【凡例】

：出来事流れ図から特定したエラー事象（丸囲いの数字は、エラー事象の番号および各要因・再発防止対策の対応関係を表す）

：再発防止対策を立てるべき背後要因

第7章

確認会話事例集

はじめに

上司との外出の際、「14時10分前に出発ね」と言われたら、あなたなら何時何分だと思いますか？　「14時“の”10分前＝13時50分」か「14時10分“の”前＝14時5分頃」か、どちらかわからないとき、「13時50分で大丈夫ですか？」などと確認するのではないでしょうか。

少し専門的な言い方をすれば、「14時10分前」に対するお互いの認識のズレによるコミュニケーションエラーになっている可能性があります。これを防ぐために、「13時50分」という具体的な表現を用いて確認行為をしていることになります。

この確認行為が、“確認会話”です。

このように私たちは、日常の中で自然とお互いに確認し、意思疎通を図り、事故（トラブル）を未然に防いでいます、確認会話の本質がまさしくここにあります。

つまり、確認会話は**「事故防止のための確認行為という位置付けに加え、様々な業務等において、私たちが常に心掛けていなければならないもの」**ということです。

どんなタイミングでも、お互いに確認会話ができるような環境を整えましょう。

この確認会話事例集は、色々な確認会話の使われ方を紹介するため、あらゆる業務等や場面における事例を掲載しています。まずは、本事例を通じて確認会話に対する理解を深め、積極的に確認会話を実践してください。

安全文化醸成のためにも　確認会話の実践から始めましょう

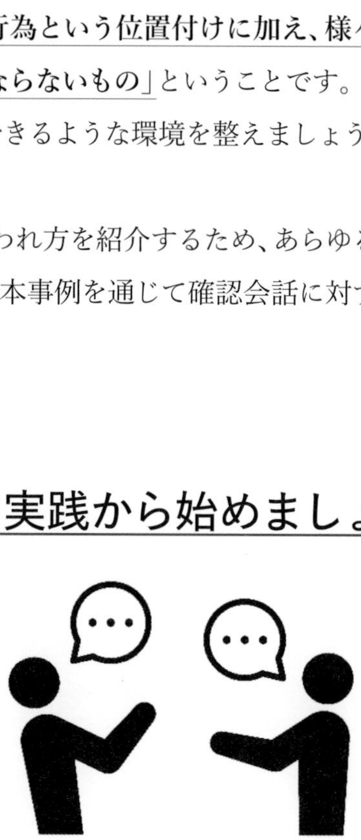

第7章

目次

1　現場活動　編

2　車両　編

3　一般事務　編

4　予防業務　編

5　通信勤務　編

6　おまけ　家庭　編

1　現場活動　編

事例1　火災現場で交換用ホースの搬送を指示された時のこと

登場人物　ポンプ隊　小隊長、機関員

確認会話をしなかった場合

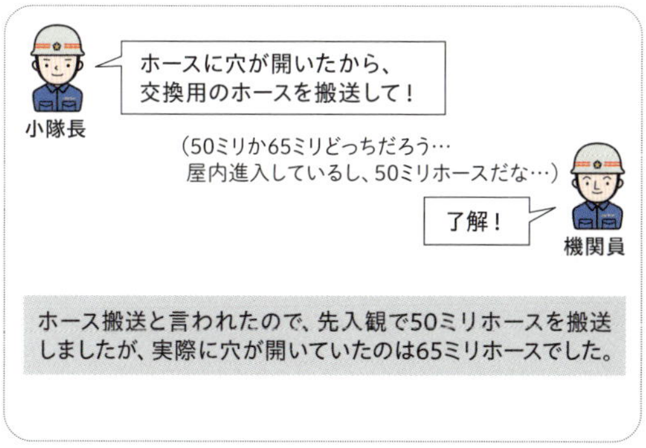

確認会話をした場合

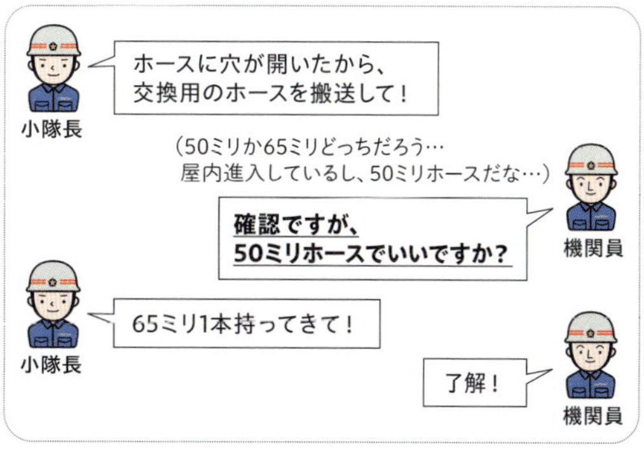

事例2　火災現場で隊長から警戒テープを「置いておいて」と指示された時のこと

登場人物　ポンプ隊　小隊長、隊員

確認会話をしなかった場合

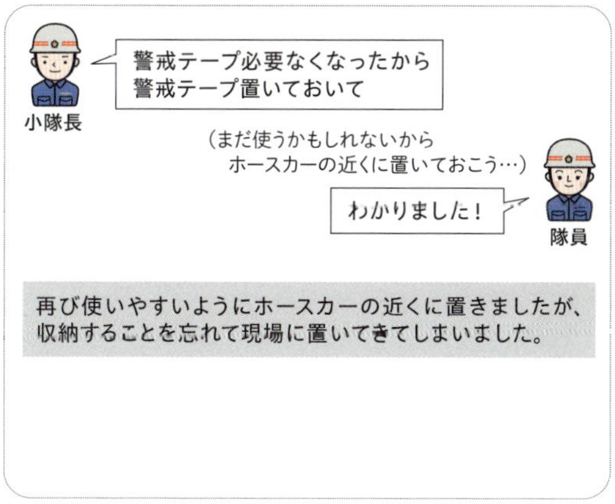

確認会話をした場合

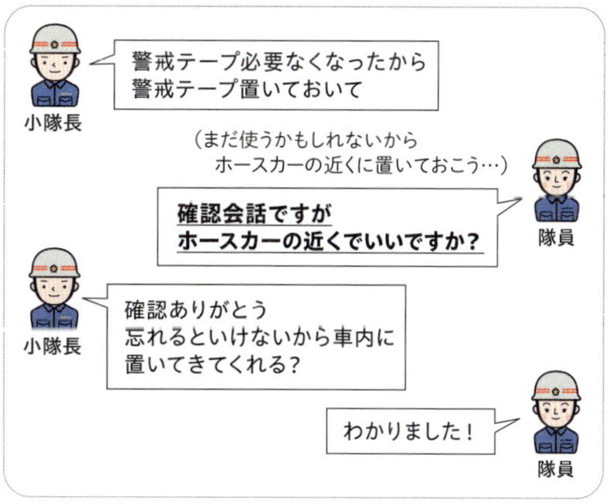

POINT　▶考えている事は人によって違うため、一方通行のコミュニケーションになってしまうおそれがあります。「どこに」「誰が」などを具体的に確認するようにしましょう。

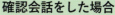

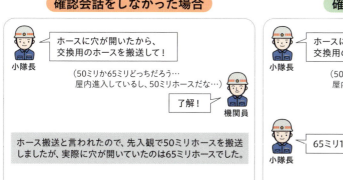

事例3　3階のベランダに進入する時のこと

登場人物　ポンプ隊　小隊長、隊員（新人）

確認会話をしなかった場合

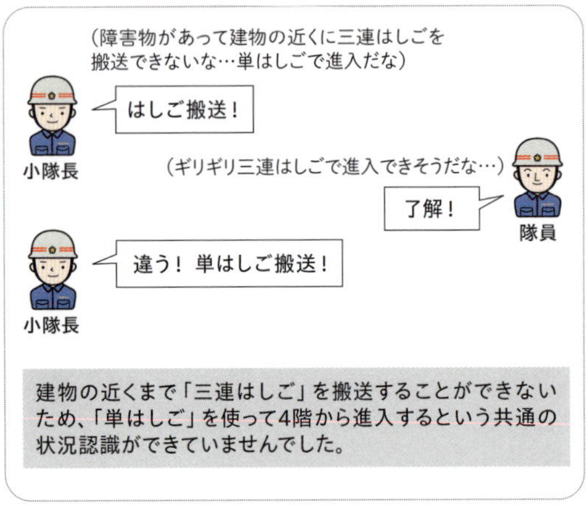

建物の近くまで「三連はしご」を搬送することができないため、「単はしご」を使って4階から進入するという共通の状況認識ができていませんでした。

確認会話をした場合

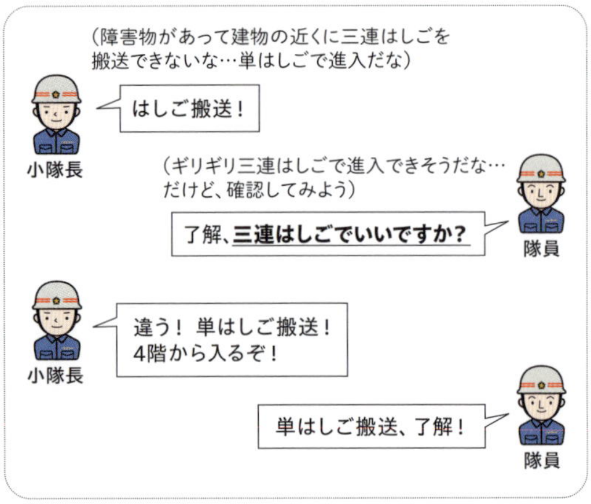

事例4　現場引揚げ時ホース撤収について確認した時のこと

登場人物　ポンプ隊（2小隊）　中隊長、隊員

確認会話をしなかった場合

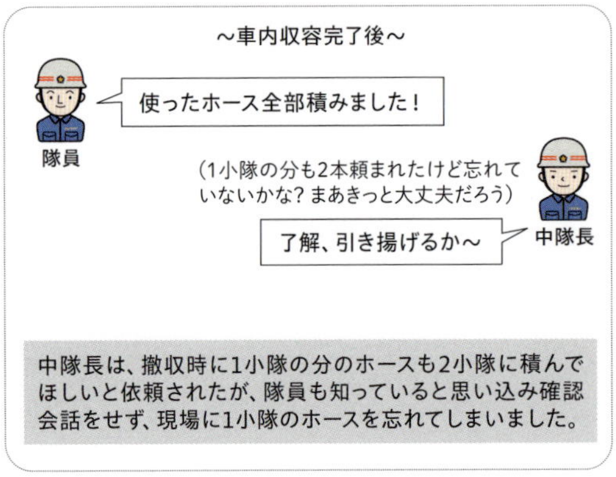

中隊長は、撤収時に1小隊の分のホースも2小隊に積んでほしいと依頼されたが、隊員も知っていると思い込み確認会話をせず、現場に1小隊のホースを忘れてしまいました。

確認会話をした場合

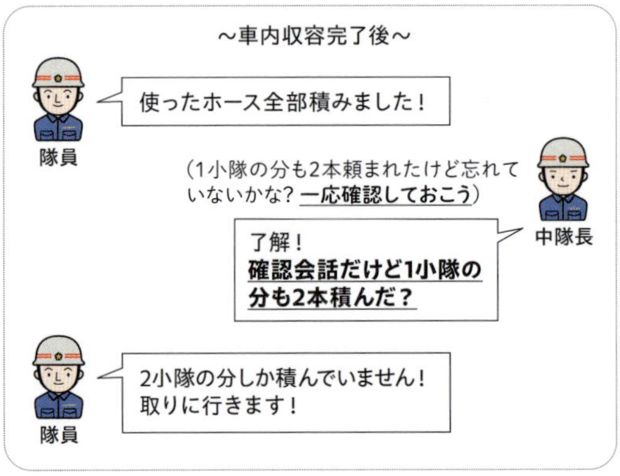

第7章

POINT
- ▶「はしご」のように一つの言葉で複数の物を指す言葉もあるため、わからない場合は確認をしましょう。
- ▶3H（初めて・変更・久しぶり）の作業は、事故やヒヤリハットが発生しやすくなるので要注意です。確認会話を用いて、立場に関係なく確認しましょう。

事例5　PA連携からの引揚げ時に資器材の忘れ物確認を行った時のこと

登場人物　ポンプ小隊長、救急隊長

確認会話をしなかった場合

～車内収容完了後～

救急隊長：資器材の忘れ物がないか見ておいてもらえますか？

（何も言っていないから車両周りだけ見ればいいか…）

ポンプ小隊長：了解！

救急隊長は、居室内を含めた確認を依頼したつもりであったが、ポンプ小隊長に意図は伝わらず、結果忘れ物をしてしまった。

確認会話をした場合

～車内収容完了後～

救急隊長：資器材の忘れ物がないか見ておいてもらえますか？

（何も言っていないから車両周りだけ見ればいいか…一応**確認しておこう**）

ポンプ小隊長：了解！**確認会話ですが、車両周りだけでOK？**

救急隊長：居室内の確認もお願いします

事例6　新しい隊で初めて訓練を行う時のこと

登場人物　ポンプ隊　小隊長、隊員

確認会話をしなかった場合

（非常用ポンプ車の近くで）

小隊長：今日は火災対応の訓練をするから、投光器を裏庭に出しておいて

（出場が入った時のことを考えて、非常用ポンプ車の投光器を用意してくれるだろう…）

（非常用ポンプ車の投光器を使うのかな…使い慣れている投光器を使いたいから、正規車両の投光器を準備しよう）

隊員：わかりました、裏庭に準備しておきます

「火災出場指令　〇〇区出火報…」

隊員は焦っていたため、投光器を積載することを忘れていました。また、隊長も非常用ポンプ車の投光器が用意されていると思っていたため、積載を確認せずに出場してしまいました。

確認会話をした場合

（非常用ポンプ車の近くで）

小隊長：今日は火災対応の訓練をするから、投光器を裏庭に出しておいて

（出場が入った時のことを考えて、非常用ポンプ車の投光器を用意してくれるだろう…）

（非常用ポンプ車の投光器を使うのかな…使い慣れている投光器を使いけど、**念のため確認しよう**）

隊員：**確認会話ですが、投光器は正規車両の物でいいですか？**

小隊長：出場が入っても焦らなくて済むから今日は正規車両の投光器ではなく、非常用ポンプ車の投光器を用意して

POINT

▶急いでいる時ほどヒューマンエラーは起きやすくなります。しつこいと思われるかもしれませんが、念押しの確認を行うようにしましょう。

▶同じ物が複数存在する場合、イメージの捉え違いがあるかもしれません。阿吽（あうん）の呼吸ではなく、確認しましょう。

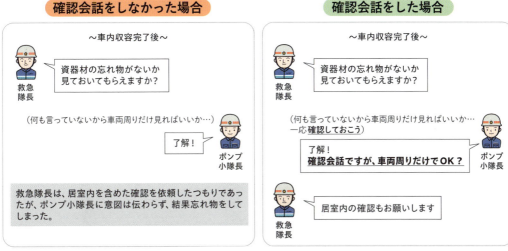

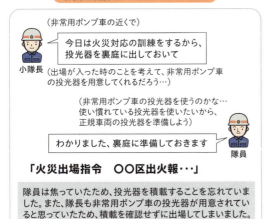

事例7　指揮隊が火災現場に出場した時のこと

登場人物　指揮隊　通信担当、伝令

確認会話をしなかった場合

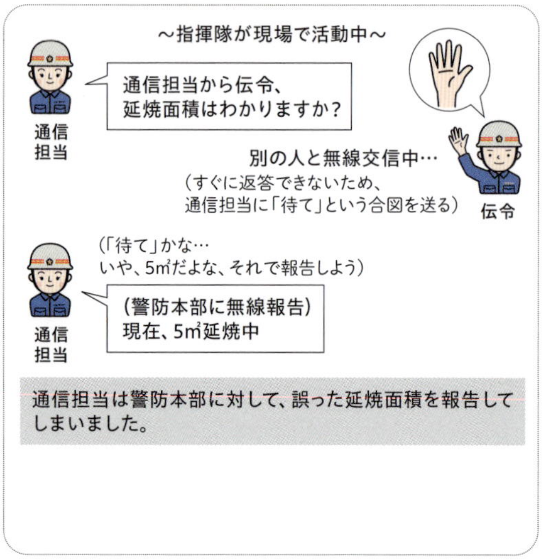

確認会話をした場合

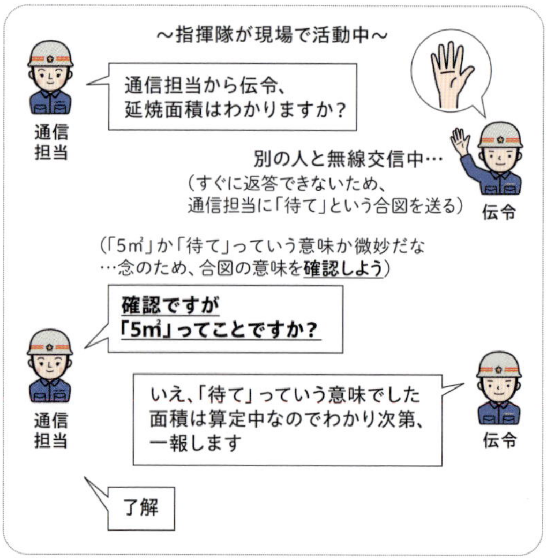

事例8　暑熱順化トレーニング時のこと

登場人物　ポンプ隊　小隊長、隊員

確認会話をしなかった場合

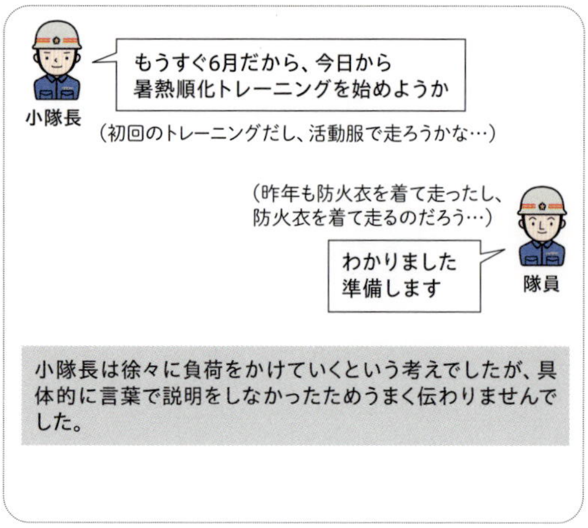

確認会話をした場合

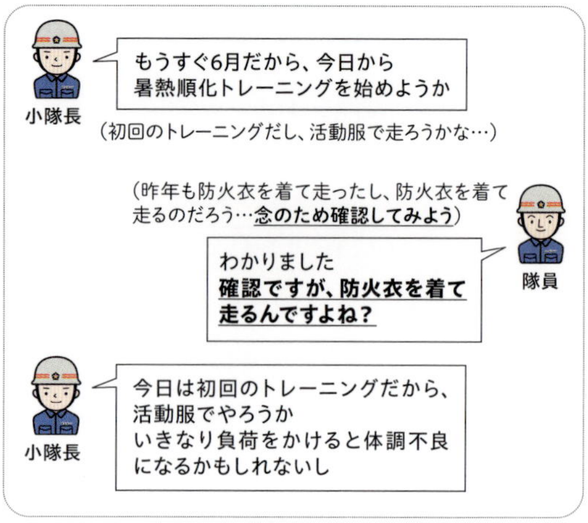

POINT
▶災害現場では焦りが出てしまい、拙速な判断や行動に陥りやすいといえます。こんな時こそ、判断に迷ったらしっかり確認会話を行いましょう。
▶思い込みによる勘違いを防ぐため、言葉で確認することを習慣付けましょう。

事例9　マンション火災に出場した時のこと

登場人物　ポンプ隊　小隊長、隊員

確認会話をしなかった場合

小隊長：マル火は10階！
中隊長と接触してくる！連送結合！

隊員：了解！

～送水口前～

隊員：送水口がたくさんあるぞ…
あった！ 連結って書いてある所だ

～A小隊長と合流～

隊員：隊長！ 送水口結合よし！

（この建物の規模で地階もあったらきっと
連散もついてるな…
でもさすがに連送と間違えないだろう）

小隊長：よし！ 機関員！ 送水開始！

～数分後～

小隊長：水が来ない？ そんなはずは…
え！！！ 地階が漏水だって！！？

活動階には送水されないうえ、地階の連結散水設備から散水され、地階の水損被害が発生し、損害賠償を請求されました。

確認会話をした場合

小隊長：マル火は10階！
中隊長と接触してくる！連送結合！

隊員：了解！

～送水口前～

隊員：送水口がたくさんあるぞ…
あった！ 連結って書いてある所だ

～A小隊長と合流～

隊員：隊長！ 送水口結合よし！

（この建物の規模で地階もあったら
きっと連散もついてるな…
でも連送に結合したんだよな、**確認しておくか**）

小隊長：**確認だけど、連結送水管の送水口に結合したんだよね？連結散水設備じゃないよね？**

隊員：連結って書いてある
10番の送水口につなぎました！

小隊長：10番？ それは連送じゃないな
一緒に確認に行こう

POINT　▶迅速な活動が求められる災害現場ではコミュニケーションがおろそかになりがちです。相手がわかっているという思い込みによる省略は重大な事故の元になります。隊内で認識が共有されているかを把握し、認識が共有されていない場合のリスクを念頭において、隊として最高のパフォーマンスを発揮しましょう。

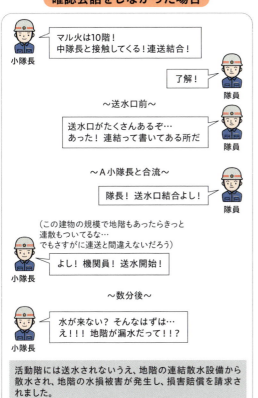

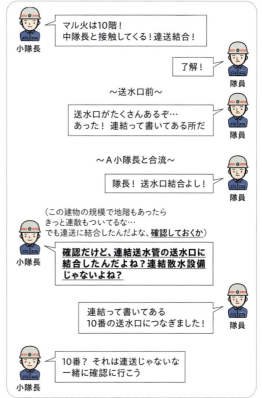

2　車両　編

事例10　車両を誘導する時のこと

登場人物　ポンプ隊　機関員、隊員

確認会話をしなかった場合

機関員：車両を訓練棟の近くに移動させるから誘導してくれる？
右斜め前に出てから後退するよ

（右斜め前？ 車両の動きに合わせて誘導すればいいいか…）

隊員：わかりました

隊員は車両の動線がイメージできていなかったため、不安を感じながら誘導してしまいました。

確認会話をした場合

機関員：車両を訓練棟の近くに移動させるから誘導してくれる？
右斜め前に出てから後退するよ

（右斜め前…**一応確認しよう**）

隊員：**確認ですが裏門の門扉に近づいてから、訓練棟の北側に向けて下がるという認識で合っていますか？**

機関員：そうだよ、確認会話ありがとう

事例11　車両で出向する時のこと

登場人物　ポンプ隊　小隊長、隊員

確認会話をしなかった場合

～車庫内にて～

小隊長：準備できたし出発しようか！

（隊長はいつも「出向入力完了」と言って乗り込んでくるのに、今日は言ってこないな…何でもできる隊長だから入力しているだろう）

隊員：後ろは準備完了です

出向途中で災害が入電し、隊現況が未入力のまま出向していたため、部隊運用に影響を与えてしまいました。

確認会話をした場合

～車庫内にて～

小隊長：準備できたし出発しようか！

（隊長はいつも「出向入力完了」と言って乗り込んでくるのに、今日は言ってこないな…**念のため聞いてみるか**）

隊員：**確認会話です**
出向入力は完了ですか？

小隊長：誰も入力してないの？

隊員：誰も入力していないようなので、入力してきます！

POINT

▶具体的に物や対象物を入れて確認会話をすることで、お互い思い込みによる勘違いを解消し、不安を感じることなく活動できます。

▶相手のことを信頼していても、いつもと違うなど違和感を感じたら、確認するようにしましょう。

第7章

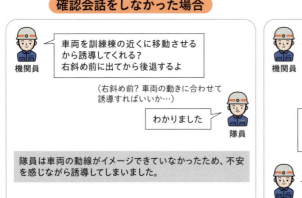

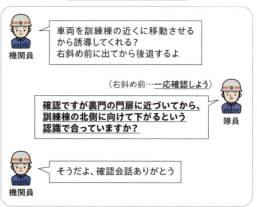

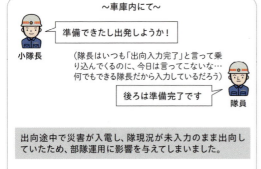

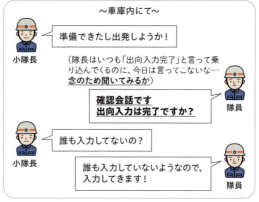

事例12　住宅街の交差点を左折する時のこと

登場人物　ポンプ隊　小隊長、機関員

確認会話をしなかった場合

～住宅街を徐行で走行中～

機関員：次、左折します

小隊長：（際どいところに縁石があるな）

小隊長：左側近いけどこのまま通れる？

機関員：（隊長が言ってるのは住宅の外壁のことだよな…）

機関員：大丈夫です、このまま行きます

小隊長：了解、気を付けてね

機関員は外壁より手前にあった縁石の存在に気づかず、交差点に入って間もなく左前方のタイヤと縁石がぶつかってしまい、交通事故となってしまいました。

確認会話をした場合

～住宅街を徐行で走行中～

機関員：次、左折します

小隊長：（際どいところに縁石があるな）

小隊長：左側近いけどこのまま通れる？

機関員：（隊長が言ってるのは住宅の外壁のことだよな…**念のため確認しよう**）

機関員：**確認ですが、その外壁のことですか？**

小隊長：いや、左下のほうに縁石があるよ気を付けてね

POINT

▶あいまいな表現だと相手に伝わっていないことがあります。距離や障害物名などの具体的な表現を使いましょう。

▶このような認識違いを防ぐためにも積極的に確認会話を励行しましょう。

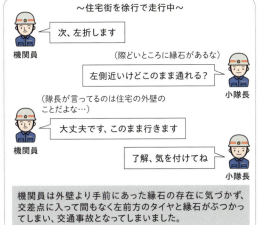

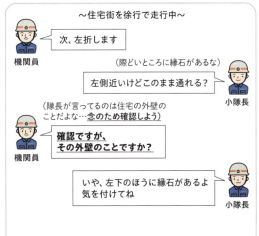

3　一般事務　編

事例13　上司から書類送付を指示された時のこと

登場人物　上司、部下

確認会話をしなかった場合

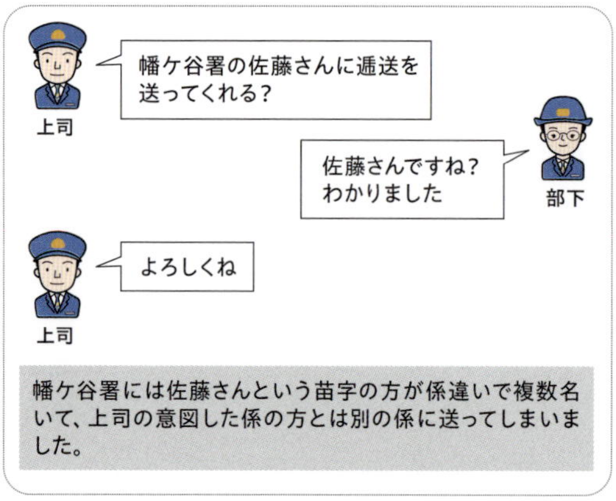

確認会話をした場合

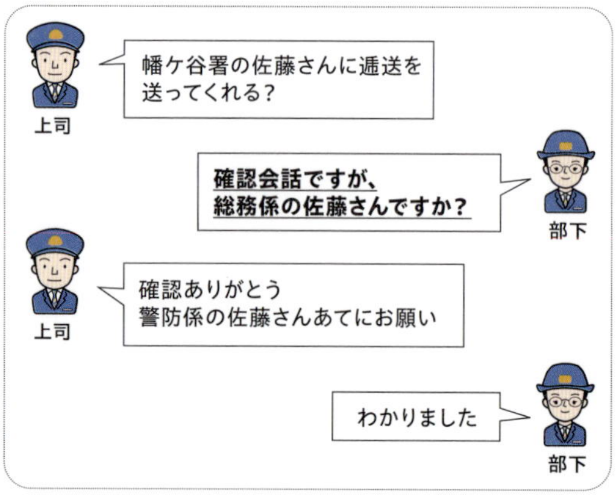

事例14　上司から資料の印刷を指示された時のこと

登場人物　上司、部下

確認会話をしなかった場合

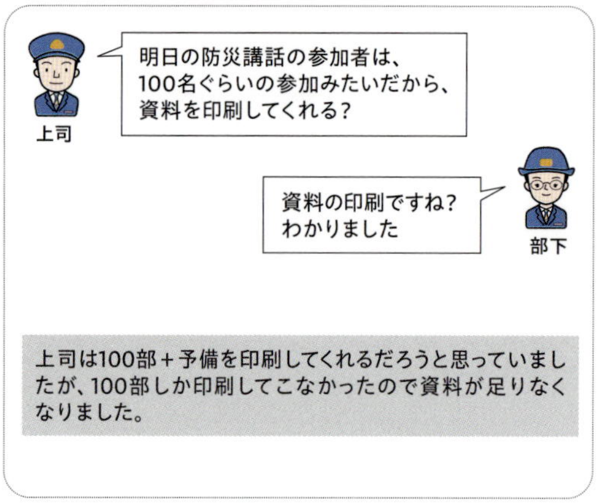

確認会話をした場合

POINT

▶確認会話で確認することで、お互いの捉え違いを防ぐことができます。
▶数字を伝えるときは、予備を含めているのかなど、正確な情報を伝えるようにしましょう。

事例15　庁舎の入口に貼ってあるポスターについて指摘を受けた時のこと

登場人物　副署長、署員

確認会話をしなかった場合

副署長：入口に貼ってある、あのポスターが古くなっているから別のポスターに交換しておいて

（あのポスターってどれの事なんだろう…）

署員：わかりました
交換しておきます

副署長：よろしくね

副署長が見ていたのは火災予防運動のポスターでしたが、意図がうまく伝わらなかったため、別のポスターを交換してしまいました。

確認会話をした場合

副署長：入口に貼ってある、あのポスターが古くなっているから別のポスターに交換しておいて

（あのポスターってどれの事なんだろう…）

署員：わかりました
確認ですが、キュータが描かれているポスターのことですか？

副署長：確認ありがとう。
火災予防運動のポスターだよ

署員：わかりました

事例16　来賓者氏名リストについて確認した時のこと

登場人物　上司、部下

確認会話をしなかった場合

上司：この前渡した来賓者リストの会場での読み上げよろしくね

（この前って結構前だけど変更になってないのかな…）

部下：わかりました

実際には来賓者リストに変更が生じており、欠席した人の名前まで読み上げてしまいました。

確認会話をした場合

上司：この前渡した来賓者リストの会場での読み上げよろしくね

（この前って結構前だけど変更になってないのかな…念のため確認しておこう）

部下：**確認ですが、来賓者リストはこちら（持っているものを見ながら）から変更ないですか？**

上司：確認会話ありがとう
それは更新前のものだね
最新はこれだよ

部下：わかりました

POINT

▶「あの」や「この」では意図が正確に伝わらない可能性があります。確認会話を使って確実に確認しましょう。

▶誰でもうっかり忘れることはあります。上司と部下がお互いに業務の動きを把握して、気づいたことは率直に発言することで助け合いましょう。

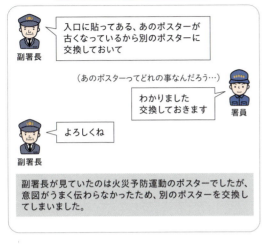

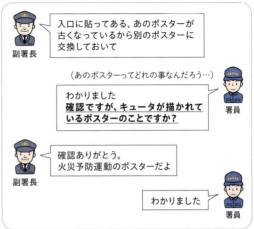

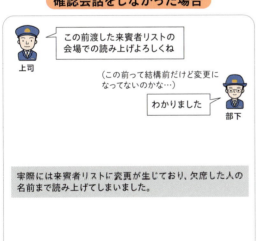

事例17　歳末特別警戒で町会に出向する時のこと

登場人物　ポンプ隊　小隊長、隊員

確認会話をしなかった場合

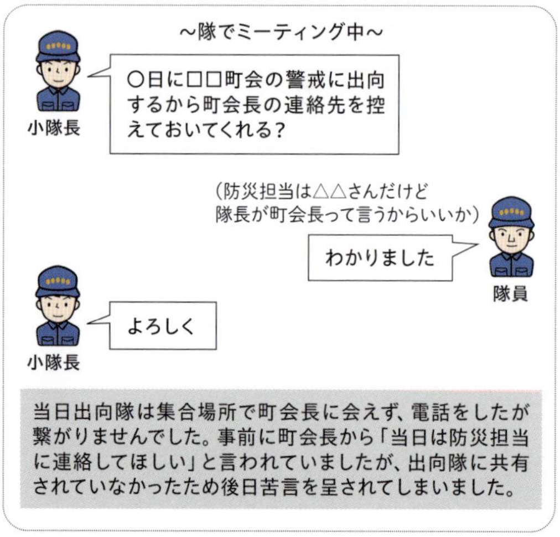

確認会話をした場合

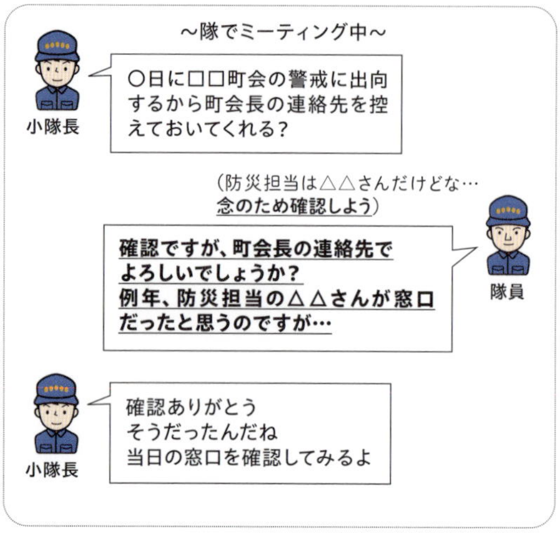

POINT

▶頼りになる隊長であっても全てを把握できているとは限りません。少しでも疑問を感じたら人任せにせず、確認する習慣をつけましょう。

▶「相手がやるだろう」と思い込むことは、とても危険です。危険側に立ち、疑問に思ったことは口に出し、具体的な行動をお互いに確認し合いましょう。

第7章

4　予防業務　編

事例18　建物名称について確認した時のこと

登場人物　上司、部下

確認会話をしなかった場合

上司：ハタガヤビルの簿冊を持ってきてくれる?

部下：わかりました

（そういえば、ハタガヤビルは2棟あったな…
大きい建物の方だろう）

上司：ありがとう

係長は異動してきたばかりで、同じ読み方をするビルが複数あることを知りませんでした。そのため、係員は係長の意図していた建物とは別の簿冊を持ってきてしまいました。

確認会話をした場合

上司：ハタガヤビルの簿冊を持ってきてくれる?

部下：わかりました

（そういえば、ハタガヤビルは2棟あったな…
念のため確認しておこう）

部下：**確認です**
「ハタガヤビル」は2棟ありますが、
渋谷区幡ヶ谷7丁目の駅前の
「ハタガヤビル」でよろしいですか?

上司：「ハタガヤビル」って駅前にもあるの?
所在をよく確認してからまたお願いするね

事例19　消防同意処理期間について確認した時のこと

登場人物　上司、部下（新人）

確認会話をしなかった場合

～金曜日～

上司：3日同意が届いたよ
処理できる?

（今日金曜日だから…
土日含めずに水曜返送だったかな…?
まあいっか）

部下：できます

同意の返送日について、部下は自信がなかったが確認することがなかったため、翌月曜日にとても忙しくなってしまいました。

確認会話をした場合

～金曜日～

上司：3日同意が届いたよ
処理できる?

（今日金曜日だから…
土日含めずに水曜返送だったかな…?
念のため確認しておこう）

部下：できます
確認ですが、返送は水曜日で
合っていますか?

上司：土日も期間算定には含めるから
月曜日だね

POINT　▶同じ名前でも別の建物や建築計画が存在することがあります。所在や目標など、複数の情報を共有して事故の未然防止をしましょう。

確認会話事例集　第7章

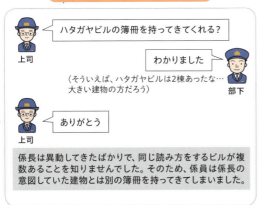

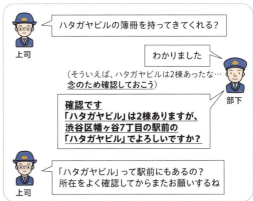

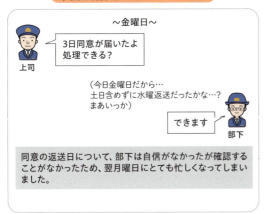

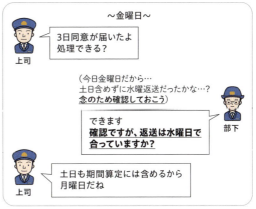

事例20　立入検査の時間を確認した時のこと

登場人物　上司、部下

確認会話をしなかった場合

上司：今日の立入検査は14時からね

部下：（14時からなら15分前に出発かな）

部下：了解しました

いつも通りだろうと思い込み踏み込んだ確認をしなかったことで、出発時刻ギリギリに準備をすることになってしまいました。

確認会話をした場合

上司：今日の立入検査は14時からね

部下：（14時からなら15分前に出発かな
一応確認しておこう）

部下：了解しました
確認会話ですが、出発は
15分前くらいでいいですか？

上司：行く途中に寄りたい建物があるから
30分前に出発しようか

事例21　電気製品の火災調査をした時のこと

登場人物　上司、部下

確認会話をしなかった場合

上司：関係者から話聞いておいて！

部下：了解しました！

部下：（よくわからないで了解しちゃったけど
何を聞くんだろう
とりあえず関係者に話を聞いてみればいいか）

何を聞くのかわからないまま関係者に話を聞いたが、調査書を書く上で必要な情報が聴取できませんでした。そのため、再度聴取することとなり、関係者には嫌な顔をされてしまいました。

確認会話をした場合

上司：関係者から話聞いておいて！

部下：了解しました！

部下：（よくわからないで了解しちゃったけど
何を聞くか**確認しておこう**）

部下：**何を聞けばいいですか？**

上司：電気製品火災調査チェックリスト
があるからその調査項目を聞いて
おいて

部下：わかりました！

POINT

▶いつもと同じだろうと思っても、念のための確認会話を行うことで、変更やいつもと違うことを早く共有できます。

▶伝えたい相手の立場や能力によって、伝える側の伝え方を工夫する必要があります。特に3H（初めて、変更、久しぶり）の状況は丁寧な説明を心掛けましょう。

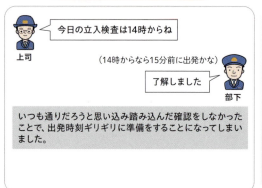

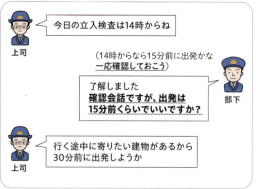

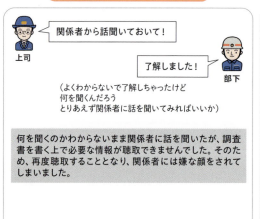

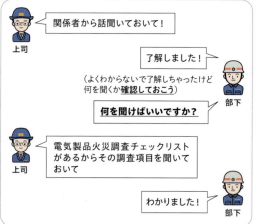

5　通信勤務　編

事例22　連続して2件のPA連携が指令された時のこと

登場人物　通信勤務員、2小隊長、1小隊長

確認会話をしなかった場合

（2件分を急いでメモしたから、付加指令を間違えてメモしていないか不安だな・・・）

通信勤務員：2小隊の付加指令は佐藤方で、1小隊の付加指令は腹痛です

2小隊長：佐藤方ね、了解

1小隊長：腹痛ね、了解

不安なまま付加指令を伝えてしまいましたが、聞き間違えていれば誤出場となってしまうおそれがありました。

確認会話をした場合

（2件分を急いでメモしたから、付加指令を間違えてメモしていないか不安だな・・・）

通信勤務員：2小隊の付加指令は佐藤方で、1小隊の付加指令は腹痛です

（通信勤務員が不安そうだから、自信がないのかな…）

2小隊長：**確認会話だけど、2小隊が北町の佐藤方に向かって、1小隊が南町の腹痛でいい？**

通信勤務員：自信がないので、録音を確認してもいいですか？

2小隊長：よし、一緒に確認しよう

事例23　指令内容について確認した時のこと

登場人物　機関員、通信勤務員

確認会話をしなかった場合

～PA連携の指令を聞くため通信室に行って確認～

（指令書を見ながら）

機関員：指令書の㊙は、山田方に付いているからここだな

通信勤務員：付加指令は田中方だよ

騒音で通信勤務員の声は機関員に伝わらず・・・

通信勤務員は機関員に付加指令を伝えましたが、周囲の騒音が大きくて機関員には伝わっておらず、誤出場してしまいました。

確認会話をした場合

～PA連携の指令を聞くため通信室に行って確認～

（指令書を見ながら）

機関員：指令書の㊙は、山田方に付いているからここだな

通信勤務員：付加指令は田中方だよ

騒音で通信勤務員の声は機関員に伝わらず・・・

通信勤務員：**確認だけど、付加指令は田中方って聞こえた？**

機関員：そうなの？全然聞き取れなかったありがとう！

POINT

▶不安に思ったら立ち止まる勇気をもって確認しましょう。お互いの不安を解消することができます。

▶聞こえているのか疑問に思ったら、あいまいなままにせずに確認しましょう。

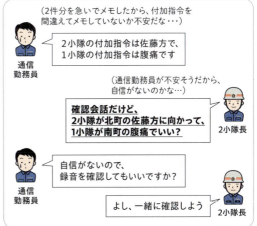

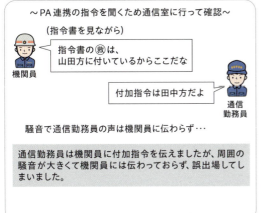

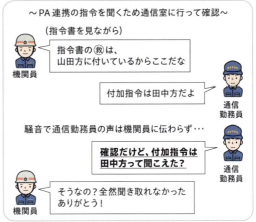

事例24　小隊の出場入力をする時のこと

登場人物　通信勤務員　消防士、消防士長

当該消防署は、はしご車および人員輸送車の配置署であり、はしご小隊が出場する際は**人員輸送小隊の切替運用**に伴う**不能の入力**が必要であった。

確認会話をしなかった場合

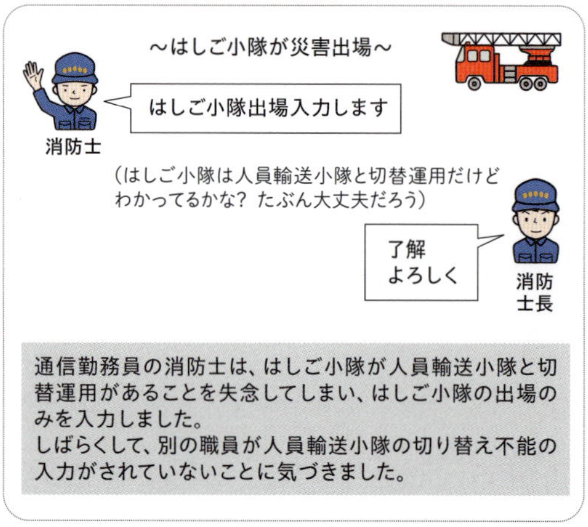

確認会話をした場合

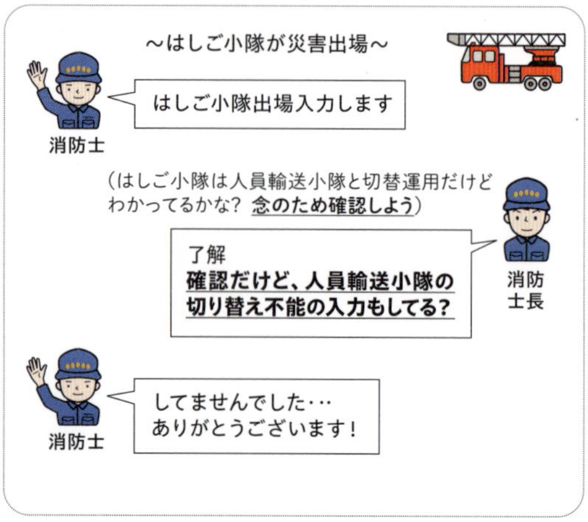

POINT ▶「わかっているだろう」とは思い込まず、「わかっていないかもしれない」ことも想定して、しっかり確認会話を行って、確認し事故を防ぎましょう。

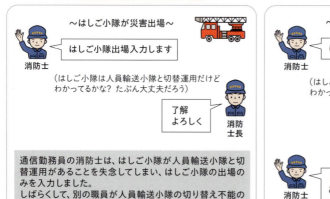

6　おまけ　家庭　編

事例25　外出前に子どものオムツを交換したのか確認した時のこと

登場人物　夫、妻

確認会話をしなかった場合

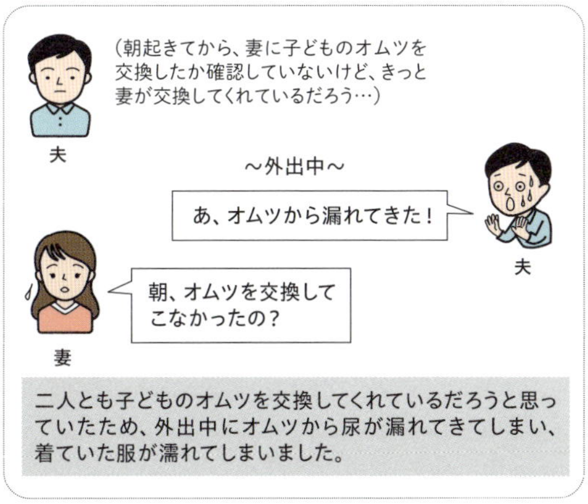

確認会話をした場合

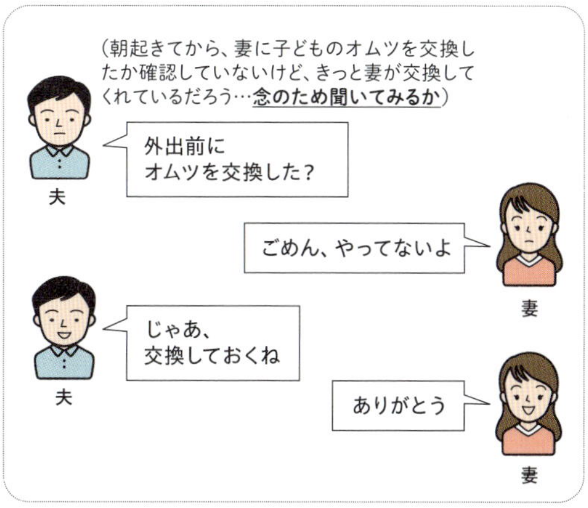

事例26　子どもの送り迎えについて誰が行くのか確認した時のこと

登場人物　夫、妻

確認会話をしなかった場合

確認会話をした場合

POINT

▶念のため確認したことにより、外出先で慌ててしまうことを防げました。確認しておくことで、失敗による一手間を減らすことができます。

▶夫婦のような阿吽(あうん)の呼吸の仲であっても、確認することは大切です。

事例27　年越しそばを食べる時のこと　※諸説あります

登場人物　夫、妻

≪特別編≫

日常会話の中で、文化の違いから意思疎通ができていない事例を紹介します。

POINT

▶文化の違いを認識しないまま会話を進めていくと、なかなか噛み合わないことがあります。

▶日本でも地域により文化が異なることを知っていると、新たな発見があったり、コミュニケーションの種にもなります。

第7章

NOTE

参考文献

1)『組織事故 起こるべくして起こる事故からの脱出』(ジェームズ・リーズン著、塩見弘監訳、高野研一、佐相邦英訳)日科技連出版社/1999

2)『医療におけるヒューマンエラー 第2版 なぜ間違える どう防ぐ』(河野龍太郎)医学書院/2014

3)『ヒューマンファクター～安全な社会づくりをめざして～』(日本ヒューマンファクター研究所編)成山堂書店/2020

4)『安全人間工学の理論と技術 ヒューマンエラーの防止と現場力の向上』(小松原明哲)丸善出版/2016

5)『現場安全の技術 ノンテクニカルスキル・ガイドブック』(ローナ・フィリン、ポール・オコンナー、マーガレット・クリチトゥン著、小松原明哲、十亀洋、中西美和訳)海文堂出版/2017

6)Endsley,M.R.「Toward a theory of situation awareness in dynamic systems」Human Factors The Journal of the Human Factors and Ergonomics Society,37(1)),pp.32-64:1995

7)『医療現場のヒューマンエラー対策ブック 人間の行動モデルをベースとしたヒューマンエラー対策シート』(河野龍太郎)日本能率協会マネジメントセンター/2018

8)『よりよい仕事のための心理学 安全で効率的な作業と心身の健康』(産業・組織心理学会企画、芳賀繁編)北大路書房/2019

9)『安全管理 受傷事故の科学的分析と再発防止』(東京消防庁監修、公益財団法人東京連合防火協会)東京法令出版/2006

10)『ヒューマンエラー防止のエッセンス』(小松原明哲)中央労働災害防止協会/2019

11)『はじめての現場改善』(西村仁)日刊工業新聞社/2021

12)『図解でわかる生産の実務 5Sのすすめ方』(越前行夫)日本能率協会マネジメントセンター/2007

13)『入門テキスト安全学』(向殿政男)東洋経済新報社/2016

14)厚生労働省HP 職場のあんぜんサイト 安全衛生キーワード
https://anzeninfo.whlw.go.jp/yougo/yougo72_1.html(2025.2.18)

15)川田綾子、宮腰由紀子、藤井宝恵、小林敏生、田村紫野、寺岡幸子「確認作業に「指差し呼称」法を用いた時の前頭葉局所血流変動の比較」/日職災医誌, Vol.59.No.1,pp.19-26:2011

16)中村竜、北村康宏、井上貴文、佐藤文紀、小野間統子「復唱と確認会話のコミュニケーションエラー防止効果」/日心第81回大会:2017

17)望月隆太郎、小松原明哲「What if展開による交通KYTの提案」/ヒューマンファクターズ,Vol.20,No.2:2016

18)『TeamSTEPPSを活用したヒューマンエラー防止策』(東京慈恵会医科大学附属病院看護部・医療安全管理部編著)日本看護協会出版会/2017

19)『アナタはなぜチェックリストを使わないのか?重大な局面で"正しい決断"をする方法』(アトゥール・ガワンデ、吉田竜訳)晋遊舎/2011

20)『人は誰でも間違える より安全な医療システムを目指して』(L.コーン、J.コリガン、M.ドナルドソン編、米国医療の質委員会、医学研究所著、医学ジャーナル協会訳)日本評論社/2000

21)『実施マニュアル手術安全チェックリスト2009　安全な手術が命を救う』(WHO著、市川高夫訳) /2009

22)市川高夫「WHO手術安全チェックリスト導入の意義と導入をサポートするツールの紹介」/日本臨床麻酔学会第32回大会シンポジウム,日臨麻会誌,Vol.33,No.7,pp.885-888:2013

23)山浦健「手術室における医療安全 手術室におけるインシデントーチェックリスト導入後の事例から学ぶー」/日臨麻会誌,Vol.37,No.1,pp.76-80:2017

24)大島浩「航空安全管理に学ぶ医療における安全管理」/Journal of Advanced Science,Vol.16,No.3&4:2004

25)『保守事故 ヒューマンエラーの未然防止のマネジメント』(ジェームズ・リーズン、アラン・ホッブズ著、高野研一監訳、佐相邦英、弘津祐子、上野彰翻訳)日科技連出版社/2005

26)『安全文化をつくる 新たな行動の実践』(原子力安全システム研究所社会システム研究所編著、飯田裕康監修)日本電気協会新聞部/2019

27)『失敗学のすすめ』(畑村洋太郎)講談社/2005

28)小澤宏之「建設分野におけるヒューマンファクター対策」/安全工学,Vol.38,No.6,pp.435-442:1999

29)石橋明「事故/インシデントを分析するVTA法の勧めー安全マネジメントの実践」/建設荷役車両,Vol.37,No.215,pp.23-31:2015

30)『事故調査のための口述聴取法』(仲村彰)海文堂出版/2015

31)『事故は、なぜ繰り返されるのか ヒューマンファクターの分析』(黒田勲監修、石橋明著)中央労働災害防止協会/2003

32)『院内医療事故調査の考え方と進め方 適切な判断と委員会運営のために』(飯田修平)じほう/2017
33)『惨事ストレス対策の手引き』(東京消防庁人事部厚生課)/2022
34)『デフュージング実施マニュアル』(東京消防庁人事部厚生課)/2015
35)『惨事ストレスとは何か 救援者の心を守るために』(松井豊)河出書房新社/2019
36)『認知面接 目撃者の記憶想起を促す心理学的テクニック』(ロナルド・フィッシャー、エドワード・ガイゼルマン著、宮田洋監訳、高村茂、横田賀英子、横井幸久、渡邉和美訳)関西学院大学出版会/2012
37)『目撃供述・識別手続に関するガイドライン』(法と心理学会・目撃ガイドライン作成委員会編)現代人文社/2005
38) 城山英明、村山明生、梶村功「米国における航空事故をめぐる安全確保の法システム〜日本への示唆〜」/社会技術研究論文集,Vol.1,pp.149-158:2003
39)『新版 組織行動のマネジメント』(スティーブンP.ロビンス著、髙木晴夫訳)ダイヤモンド社/2009
40)『二次的外傷性ストレス 臨床家、研究者、教育者のためのセルフケアの問題』(B.H.スタム編、小西聖子、金田ユリ子訳)誠信書房/2003
41)『使えるアイデアがあふれ出る すごいブレスト』(石井力重)フォレスト出版/2020
42)『ゼロから学べる!ファシリテーション超技術』(園部浩司)かんき出版/2020
43)『会議の成果を最大化する「ファシリテーション」実践講座』(大野栄一)日本実業出版社/2022
44)『ファシリテーションの教科書 組織を活性化させるコミュニケーションとリーダーシップ』(グロービス著、吉田素文執筆)東洋経済新報社/2014
45)『鉄道総研式ヒューマンファクター分析法マニュアル(初級編)』(公益財団法人鉄道総合技術研究所人間科学研究部)テス/2017
46)『改訂版ソーシャル・ファシリテーション「ともに社会をつくる関係」を育む技法』(徳田太郎、鈴木まり子)北樹出版/2024
47)『ヒューマンファクタ分析ハンドブック』(宇宙航空研究開発機構)/2017
48) 神田直弥「事故の人的要因分析における分析結果の信頼性向上に関する検討」/東北公益文科大学総合研究論集,forum21,No.9,pp.129-151:2005
49) 首藤由紀「事故・トラブル防止のためのヒューマンファクター基礎知識」/令和4年度事故分析技術者養成研修資料:2022
50) 高橋明子、神田直弥、石田敏郎、中村隆宏「建設作業現場におけるコミュニケーション・エラーの分析」/建設マネジメント研究論文集,Vol.10,pp.287-296:2003
51) 清水洋孝「モノづくりの深層競争力を捉えるVTA手法の改良」/安全工学,Vol.54,No.1,pp.51-60:2015
52) 東京消防庁「現行安全管理体制再構築の必要性とそのあるべき姿」/心理学から見た消防活動現場における安全管理の在り方研究会検討結果報告書,pp.43-44:2003
53) 重森雅嘉、宮地由芽子「鉄道総研式ヒューマンファクタ事故の分析手法」/REAJ誌,Vol.26,No.5,pp451-454:2004
54) 神田直弥「バリエーションツリーによる交通事故の分析」
sahf.fc2web.com/thesis/2002orbefore/naoya.htm(2025.2.18)
55) 菅野利猛「鋳造欠陥に対する改良型なぜなぜ分析手法」/鋳造工学,Vol.88,No.8,pp.444-448:2016
56)『安全学入門 第2版 安全を理解し、確保するための基礎知識と手法』(古田一雄、斉藤拓巳、長﨑晋也)日科技連出版社/2023
57)『デンソーから学んだ本当のなぜなぜ分析』(倉田義信)日刊工業新聞社/2017
58)『RCAの基礎知識と活用事例(第2版)』(飯田修平、柳川達生共著)日本規格協会/2011
59)『なぜなぜ分析実践編』(小倉仁志)日経BP社/2010
60)『RCA根本原因分析法実践マニュアル 再発防止と医療安全教育への活用(第2版)』(石川雅彦)医学書院/2012
61) 江原一雅「医療事故調査報告書および鑑定書のあり方-福島県立大野病院事件の教訓をふまえて-」/日臨麻会誌,Vol.32,No.7,pp.974-979:2012
62) 鈴木史比古、青沼新一、楠神健「JR東日本版4M4E分析手法の開発と導入・展開」/JR EAST Technical Review-No.21,pp.31-34:2007

索引

【た】

【な】

【は】

【ま】

【や】

【ら】

消防職員のための
事故の調査分析ハンドブック

2025年3月25日　初版第1刷発行

著　安全推進研究会
監修　東京消防庁 安全推進部

発行者　山手章弘
発行所　イカロス出版株式会社
〒101-0051 東京都千代田区神田神保町1-105
contact@ikaros.jp（内容に関するお問合せ）
sales@ikaros.co.jp（乱丁・落丁、書店・取次様からのお問合せ）

Printed in Japan　ISBN 978-4-8022-1586-2

印刷・製本　株式会社シナノパブリッシングプレス
装丁・デザイン　村上千津子
イラスト・図版　井竿真理子、安全推進研究会